KB198059

로컬
전략

백캐스팅으로
만드는
마을의 미래

———

이 책은 2021년 대한민국 교육부와 한국연구재단의 지원을 받아 수행한 연구
결과다. (과제번호: NRF-2021S1A3A2A01096330)

서강대학교 SSK(Social Science Korea) 지역재생연구팀은 2018년부터 교
육부(한국연구재단) 지원으로 지역창업과 중간지원조직을 중심으로 지역변
화의 가능성을 연구하고 있다.

로컬 전략

백캐스팅으로 만드는 마을의 미래

에다히로 준코 지음 | 윤정구·조희정 옮김

더가능연구소
THE POSSIBILITY LAB

차 례

결론 | 마을의 지속가능성과 행복을 생각하다

최근 일본 각지의 마을 만들기 활동을 취재하면서 '양극화 심화 현상'을 느낀다.

건강하고 활기차게 느껴지는 마을에서는 새로운 움직임이 차례로 일어나고 이주자도 계속 들어온다. 갈 때마다 새로운 가게를 보고 새로운 프로젝트를 시작했다는 소식을 듣는다. 설레는 기분이다.

반면 정체되고 활력이 느껴지지 않는 마을도 있다. 오래간만에 갔는데 문 닫은 가게만 늘었다. 이런 마을에는 주민 사이에 자포자기한 분위기가 만연해 있다.

"역 앞 상가를 살려봅시다. 학생들을 데리고 올게요. 같이 생각해 봅시다!"라고 말해도 "이 가게는 어차피 우리 대에서 끝날 테니 그냥 둬요!"라는 맥 빠지는 응답만 되돌아온다. 이런 지역은 청년이 떠나고, 돌아오지 않는다. 이주자도 오지 않는다. 그들은 '움직임이 있는 곳'에 끌리기 때문이다.

전체적인 인구감소가 국가적인 문제이지만, '마을 존속 자체가 위기'라며 더욱 초조해하는 곳도 적지 않다. '어떻게든 인구감소에 대처하기 위해 노력하지 않으면 마을이 유지되기 어렵다'는 위기감에 많은 지자체가 육아지원정책, 이주정책 등 인구정책을 수립한다. 당연히 잘되기도 하고 실패하기도 한다.

인구감소 대응은 중요하지만, '인구는 지행지표*의 하나에 불과하다'는 비판도 있다(지표에 관해서는 제4장 참조). 반면, '인구'는 절대적인 지표이므로 반드시 늘려야 한다고 몰입하는 지자체도 있다.

각지에서 지방창생정책**도 많이 진행되고 있다. 컨설팅 회사는 물론이고 언뜻 관계없어 보이는 업종의 기업들도 새로운 비즈니스 기회를 잡겠다며 지자체 정책 수립에 관여하는 경우가 많다.

지역으로 내려가 마을 만들기 활동을 하는 사람도 많다(나도 그중 한 사람이다). '필사적인 마을 만들기 선구자'와 같은 훌륭한 분도 있어서 다양한 성공 사례를 만들기도 한다. 그러나 그런 경우는 극히 드물다. 그리고 그런 분들에게만 의지해서 수많은 지역 문제를 해결하는 것은 불가능하다.

나는 지금까지 시마네현 아마정(島根県 海士町), 홋카이도 시모카와정(北海道 下川町), 구마모토현 미나미오구니마치(熊本県 南小国町), 도쿠시마현 가미카쓰정(徳島県 上勝町) 등 몇 곳의 지자체로부터 의뢰받아 한두 달에 한 번씩 정기적으로 방문하며 마을 만들기 활동을 지원했다.

● 지행지표(遲行指標)는 경기 변동보다 뒤늦게 움직이는 경향이 있는 지표를 의미한다. (역주)
●● 일본 정부의 지역 활성화를 위한 지방창생정책은 2015년부터 본격화되었다. 정부는 '지방창생'이라고 표현하는 반면 민간에서는 '마을 만들기'라는 표현을 더 선호한다. 우리나라에서는 지방창생보다는 지역재생이라는 용어를 주로 사용한다. (역주)

그 외에도 부정기적으로 방문하며 지원하는 지역도 몇 곳 있다. 2011년 동일본대지진 후에는 원전이 있는 니가타현 가시와자키시(新潟県 柏崎市)에서 3년간 마을 만들기 활동에 참여하는 소중한 경험도 했다.

그런 참여 활동이 변화의 결실을 보면 정말 큰 보람을 느낀다. 그러나 시간은 한정되어 있으므로 도울 수 있는 지역도 제한적이다. 그래서 내가 방문하지 않아도 마을 만들기를 할 수 있는 장치를 마련하면 좋겠다고 생각했다. "에다히로(枝廣) 씨가 아니면 할 수 없다"라는 속인적(属人的) 사고방식은 아니라고 생각하기도 했다.

다행히 지금까지 정기적으로 마을 만들기 활동에 관여한 지역에서는 마을 비전을 만들고, 마을 만들기 팀이 생기고, 구체적인 사업도 진행하고 있다는 고마운 피드백을 받았다. 그 경험과 배움을 보다 많은 마을에서 사용하도록 하고 싶다.

나는 20여 년 전부터 환경 관련 활동을 했고, 10여 년 전부터 지역 활성화와 지방창생 활동을 했다. 그 과정에서 내가 만든 '마을 만들기 프로세스'는 '호프(hop, 진입), 스텝(step, 전진), 점프(jump, 도약)' 3단계다. 어떤 마을이라도 이 3단계를 중심으로 지원하려고 한다.

3단계는 본질적 변화를 만들기 위한 시스템 사고와 커뮤니케이션 방법, 사회적 합의 형성 등의 사고방식을 토대로 조합한 것이다. 이는 내가 대학과 대학원 시절에 전공했던 교육심리학·임상심리학이 바탕이 되었다. 비전 만드는 법, 방향성을 가리키는 진보 측정 지표 등은 시행착오를 경험하면서 구성한 것들이다.

이 책은 3단계에 관한 가이드북이다. 규모와 관계없이 각지에서 행정과 주민이 하나 되어, 마을의 미래를 두고 현실적인 신뢰 관계에 기초하여 자발적으로 사업을 만들고 좀 더 활력과 열기가 느껴지는 마을이 되면 좋겠다.

이 책이 지속가능하고 행복한 마을 만들기에 작은 도움이 된다면, 그 이상 기쁜 일이 없겠다.

제1장

마을 만들기의
호프, 스텝, 점프

> ## 마을 만들기의 3단계
>
> - **호프(진입):** 백캐스팅으로 미래에 보고 싶은 마을의 모습 그리기
> - **스텝(전진):** 연결을 추적하여 현재의 구조를 이해하고, 희망하는
>   선순환 구조 그리기
> - **점프(도약):** 악순환을 끊고 선순환을 만드는 프로젝트를 실행하기

해결책과 아이디어에 현혹되지 않기

우리는 마을 만들기뿐만 아니라 과제나 문제에 직면하면 바로 '대책'부터 생각하려고 한다. 과제와 문제에 직면하면 불안해져서, 그 불안을 해소하기 위해 '우선 할 수 있는 것'을 생각해 불안을 없애려고 한다.

"이것이 '문제'다. 그러니 '대책'을 세우자"라는 식으로 가능한 일에 가능한 일을 더하는 식의 반응을 한다. 슈퍼가 문 닫는 게 문제, 빈집 증가가 문제, 출산율 감소가 문제라고 이야기하며, "어떻게 하지, 어쩌지"라며 대책 만들기에만 분주하다.

또한 주민이나 외지인에게 "마을 만들기 아이디어를 부탁합니다"라는 아이디어 공모전도 많다. 여러 가지 가능성을 생각할 수 있

고 그런 노력을 통해 마을 만들기에 자극이 된다면 좋겠지만, 이런 노력 역시 가능한 일에 가능한 일을 더하는 행동만 반복할 뿐이다.

'눈앞의 문제'는 '문제의 증상'인 경우가 많다. 슈퍼의 철수, 빈집 증가, 출산율 감소는 그 자체가 문제가 아니라 더욱 근본적인 문제의 증상이다. 그리고 그러한 문제 상황을 어떻게 하고 싶은 것인가. 슈퍼가 문 닫지 않게 하고 싶은가, 빈집은 어떤 상태가 되는 게 좋은가, 출산율이나 마을 인구는 어떻게 만들어야 지속가능한 행복한 마을이 되는가.

눈앞의 문제와 문제의 증상만 보고 무엇을 하면 좋을까 하고 생각한다면, 대증요법에 그칠 확률이 높다. 새로운 시책이 오히려 문제 자체를 악화시킬 수도 있다.

그러면 어떻게 하면 좋을까.

문제의 해결책을 생각해야 한다거나 대책에 분주해야 한다는 성급함을 꾹 누르고 전체 구조를 차분히 관찰할 필요가 있다. 이때, 두 가지를 반드시 생각해야 한다. '어떤 모습이 되고 싶은가', '구조가 어떻길래 왜 지금 이렇게 되었는가'다.

마을 만들기에서는 이 두 가지를 차분히 생각해야 한다. 이 두 가지 성찰은 '호프, 스텝, 점프' 3단계 중에 '호프'와 '스텝' 단계에 해당한다. 그리고 마지막으로 '점프' 단계에서 해결책과 프로젝트를 생각할 수 있다.

앞으로 하나씩 상세히 설명하겠지만, 우선 각 단계의 개요를 소개한다.

호프(진입): 백캐스팅으로 미래에 보고 싶은
마을의 모습 그리기

'호프'는 비전 만들기다. 백캐스팅 방식으로 마을의 비전 즉 이상적인 마을의 모습을 구상하는 것이다.

비전은 두 가지 방법으로 만들 수 있다.

우선, 현 상태 입각형 비전 만들기다.

'지금 이것은 가능하다', '이것은 불가능하다', '지금 이것이 있다', '이것은 없다', '이것이 강점이다', '이것이 약점이다' 등 현 상태에 기초하여 무엇이 가능한가, 어떤 마을을 만들 수 있을까를 생각하는 방법이다. 이를 포어캐스팅(forecasting) 방법이라고 한다.

'캐스트(cast)'는 '던진다'는 의미고, '포어(fore)'는 '앞'이라는 의미다. 즉 현 상태를 기초로 앞으로 어떻게 될지 먼저 예측을 던지는 것이 포어캐스팅이다.

웨더 캐스트(weather cast)라는 말을 들어본 적 있을 것이다. 일기예보다. 포어캐스트는 예측·예보라는 의미다. '이대로 가면 어떻게 될까'다. 예를 들어 "오늘 밤 전선이 발달하기 때문에 내일 아침, 비가 오겠습니다"라는 상태를 말한다. 또한 "내년 계획을 세웁시다", "2, 3년 후의 비전을 만듭시다"처럼 현 상태를 바탕으로 생각하는 것이 포어캐스팅 방식이다.

그러나 '10년 후에 이상적인 마을의 모습'과 '30년 후의 이상적인 조직'을 생각할 때는 현 상태 입각형 접근은 어려울 것이다. 포어캐스팅으로 만든 비전은 현 상태의 연장선상에서만 나오기 때문이다. 그러면 오래가기 어렵다. 크게 바꾼다든지 불연속적인 변화에 대한 대응이 어려워진다.

이럴 때 도움되는 것이 백캐스팅(backcasting) 방법이다. 백캐스팅은 목적지에서 현재 위치를 향해 뒤로 던지는 것이다. 즉 '미래에서 현재를 되돌아본다'는 의미다.

'지금 무엇을 할 수 있을까', '지금 무엇이 있나 없나' 하는 현 상태는 일단 제쳐두고, '이상적인 모습은 무엇인가'를 그린다. 완전히 이상적이어도 좋으니 '전부 가능하다면 어떤 모습이 되고 싶은가'를 생각하는 것이다. 미래를 기준으로 생각하는 방법이다. 돈과 사람이 없는 것은 차치하고 일단, '이상적인 모습'을 우선 생각한다.

일기예보를 백캐스팅 방식으로 말하면 "내일 아침에 비가 내리도록 오늘 밤부터 전선을 발달시킵시다"가 된다. 포어캐스팅과 백캐스팅은 이렇게 출발점이 전혀 다르다. 포어캐스팅은 현 상태에서 출발하지만, 백캐스팅의 출발점은 미래의 이상태이다.

지역의 현 상태를 생각하면, (백캐스팅처럼) 이상적인 미래를 그리는 것을 비현실적이라고 느낄 수 있다. 백캐스팅으로 그린 비전을 모두 실현하는 것 자체가 불가능할 수도 있다.

그렇다 해도 포어캐스팅으로 '가능할 것만 같은 미래'만 제한적으로 생각하는 것에 비하면, 백캐스팅으로는 좀 더 멀리 갈 수 있는 확률이 높다. 그리고 비전 그리기만 하고 끝나는 게 아니라 그것을 실현하기 위한 수단을 좀 더 구체적으로 모색할 수 있다.

중요한 것은 모두 착실히 '이상적인 모습'을 그리는 것이다. 도중에 어떤 큰일이 있어도 "모두 저곳을 목표로 하네요"라는 흔들림 없는 '북극성'이 있다면, 마을 만들기를 추진할 힘을 결집해 준다.

비전 만들기는 결승점이 아니라 시작점에 불과하다. '저기를 목표로 한다'는 식으로 목표 지점만 정하는 것으로는 한 발짝도 제대로 움직일 수 없다. 애매하게 해서는 아무것도 바뀌지 않는다.

유감이지만 적지 않은 지역에서 모처럼 비전을 만들어도 그것으로 끝나버리고 만다. 만드는 것만 목적으로 하기에 '발표하고 끝'이 되고 만다. 그대로 관청이나 어딘가의 책장에 틀어박혀 먼지를 뒤집어쓰는 불쌍한 비전이 되면 안 된다.

스텝(전진): 연결을 추적하여 현재의 구조를 이해하고, 희망하는 선순환 구조 그리기

비전을 그린 후에 생각해야 할 것은 '지금 왜 그렇게 되어있지 않는가', '이대로 그냥 손 놓고 있으면 어떻게 될까'이다. 대부분 현재 상황이 계속되면 이상적인 마을 모습에 도달하지 못할 것이다. 그래서 지금 어떤 구조로 되어있기에 불가능한지, 구조를 어떻게 바꾸면 희망하는 미래가 올지 생각해야 한다.

'구조'라는 말은 어려운 느낌이므로 간단한 예로 설명해 보자.

〈그림 1〉 마을 구조 사례

다음 문장을 읽으면서 〈그림 1〉을 손가락으로 쫓아가 보자.

① 인구가 늘면 물건을 사는 사람이 늘어난다. 즉 소비력이 향
   상된다.
② 사는 사람이 늘면 마을에 상점이 늘 것이다. 즉 지역경제 규
   모가 커진다.
③ 그렇게 되면 상점에서 일하는 사람도 늘어 고용이 증가한다.
④ 고용이 늘면 마을에서 일하는 사람과 그 가족이 늘기 때문
   에 점점 인구가 늘 것이다.

지역경제에는 이 같은 '연결'이 있다. 이 같은 '연결'을 '구조'라
고 부른다.
 점점 인구가 느는 선순환을 예로 들었지만, 지금 대부분 마을
에서는 이 구조가 악순환으로 이루어져 있다. 인구감소 → 구매자
감소 → 상점 파산 → 상점 직원이 마을 외부로 유출 → 인구감소 심

화. 이는 대부분 지역에서 나타나는 대표적인 악순환 현상이다.

'구조' 차원에서 생각해 보면 이상할 것이다. 같은 구조인데 악순환도 되고 선순환도 되기 때문이다. 대부분 일본 마을이 직면하고 있는 것은 '다중 악순환'이다. 인구감소, 인력 부족, 소비력과 시장 축소, 세수 감소, 공적 서비스 축소, 투자 축소 등 여러 악순환이 연쇄하여 사람들의 희망과 의욕까지 감소하기 시작한다. 그렇게 점점 악순환으로 치닫는다.

그러나 구조 관점에서 보면—'누가 나쁘다'는 식으로 저 사람이 나쁘다, 행정이 나쁘다, 주민이 나쁘다, 저 단체가 나쁘다, 우두머리가 나쁘다, 의회가 나쁘다고 하는 것이 아니라—'이 구조를 바꾸기 위해서 어떻게 하면 좋을까'를 모두 함께 생각할 수 있다.

예를 들어 전국의 육아세대가 지역에서 유익하게 쓸 수 있는 프리미엄 상품권을 발행하는 것도 인구감소가 소비력 감소로 이어지는 경향을 완화하려는 정책의 하나로 생각할 수 있다.

또한 지역 소비력이 감소해도 상점이 유지되게 하려면 지역 밖의 판매처를 개척하는 '외부 판매'도 도움될 것이다. 고향납세°도 거기에 연결된 시책 중의 하나다.

상점이 감소하는 등 지역경제 규모가 축소되어도 고용을 유지하려면 '워크셰어링(work sharing)'°°도 궁리할 수 있을 것이다. 분

● 2023년부터 우리나라도 고향 사랑 기부금 제도를 실시하고 있다. (역주)
● 워크셰어링은 노동자의 임금을 삭감하지 않고 고용을 유지하는 대신 근무시간을 줄여 새로운 일자리를 만드는 제도다. (역주)

담하는 만큼 수입이 준다면 부업 지원을 통해 조금이라도 고용을 지킬 수 있다.

또한 지역 밖에서 일하는 주민은 일할 곳(고용)이 있기에 그 마을에 사는 것이다. 그러한 사람에게도 주민으로서 계속 살 수 있도록 마을 밖으로 출퇴근하는 비용을 지원하는 통근 수당을 마을이 지급하는 독특한 시책도 있다.

홋카이도 누마타정(沼田町)에서는 '육아세대 마을 외 통근자 지원사업'을 시행 중인데, 통근 거리에 맞추어 최대 월 6천 엔(약 6만 원), 연간 7만 2천 엔(약 72만 원) 상당의 마을 상품권을 지급한다. 그래서 마을에서 일하지 않아도 마을에 계속 살게끔 마을의 매력을 늘린다. 그 상품권은 마을 안에서만 사용할 수 있어서 마을의 소비력 증진에도 기여한다.

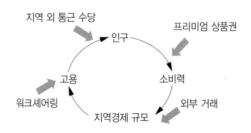

〈그림 2〉 구조를 바꾸기 위한 예

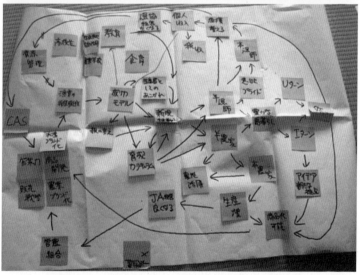

마을 구조 요소를 이야기하고 메모지를 통해 연결해 본다

'구조'를 설명하기 위해 매우 단순한 사례를 들었지만, 구조를 고려하면 구조 안의 여러 가지 요소에 투입할 수 있는 동력을 생각해 낼 수 있다.

이처럼 요소를 연결하여 구조를 가리키는 그림을 '루프도'라고 부른다(루프도라고 말하지만, 루프도 안의 루프는 연결된 것도 있고 끊어진 것도 있다). 실제로 마을 구조는 더 많은 요소가 복잡하게 얽혀 있다.

'어떤 것은 무엇과 연결되어 있는가'에 관해 생각하다 보면 자신에게 중요한 것, 자신이 바꿀 가능성이 있는 것을 중심으로 마을 구조를 파악할 수 있다.

지금 어떤 악순환이 되고 있는가, 이대로 악순환에 빠지는 것일까, 바꾸려 해도 움직이지 않는 것은 어떤 구조 때문일까, 바라는 미래를 향해 움직이기 위해서는 어떤 선순환을 회전시켜야 좋을지를 생각할 수 있다.

이때, '이렇게 하면 좋다, 이런 프로젝트가 생길 것 같다'는 대책과 해결책이 많이 떠오르지만, 일단 대책 생각은 접어두고 우선 구조를 명확히 파악하는 것에 주력한다.

홋카이도 시모카와정(下川町)에서 '2030년의 이상적인 모습'을 SDGs(지속가능발전목표)*의 17개 목표를 기준으로 작성한 루프도

● SDGs(Sustainable Development Goals, 지속가능발전목표)는 유엔지속가능발전정상회의 2030 의제에 의하여 사람과 지구의 번영, 자유와 보편적 평화를 위해 2016년 합의한 17개 부문의 국제적인 행동 계획을 말한다. (역주)

가 〈그림 3〉이다. 처음부터 이처럼 멋지게 된 것이 아니라 헝클어진 실타래처럼 얽혀있는 것을 몇 번이고 반복해 그리면서 최종적으로 정리한 결과물이다.

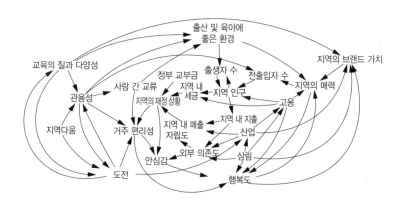

〈그림 3〉 2030년 시모카와정의 이상적인 모습 루프도

점프(도약): 악순환을 끊고 선순환을 만드는 프로젝트를 실행하기

현재의 구조와 선순환으로 연결되는 희망적인 연결 등을 생각한 후에 드디어 해결책과 프로젝트를 생각하는 단계가 된다.

'이것이 문제니 이렇게 하자'가 아니라 '이것이 문제다. 이 문제를 발생시키는 구조는 이거다. 구조의 이곳을 바꾸기 위해 이런 시도를 하자'고 생각하는 것이다. 번거롭다고 생각할 수 있지만 그렇게 하여 문제의 증상에 대한 대증요법이 아닌 문제의 구조에 동력이 되는 본질적인 해결책을 생각할 수 있다.

특히 루프도 속에 여러 개의 화살표가 연결되는 곳이 중요하다. 그곳을 바꾼다면 많은 파급효과를 낼 가능성이 있다.

시모카와정을 예로 들면, 루프도의 정중앙 아래에 '외부 의존도'가 있다. 마을 경제(주민, 사업자, 행정의 자금 운용)가 마을 밖에 의존하는 비율을 말한다. 모두 마을 밖에서 물건을 구매한다면 외부 의존도가 높은 상태다. 외부 의존도가 높으면 마을의 돈이 마을 밖으로 흘러가 버리고 만다.

비전 만들기에 참여한 위원들은 '외부 의존도가 높으면 마을 자립도가 낮아져 주민이 평온한 마음으로 생활하기 어렵다'고 생각했다. 그래서 그 대응으로 '소규모 다품종 농산물 생산과 순환형 유통시스템 창출사업'이라는 대안을 내놓았다.

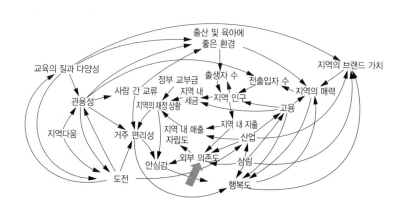

〈그림 4〉 높은 외부 의존도 완화 시책

사업명은 매우 길지만 그 내용은 이러하다.

시모카와정은 농업이 번성하여 마을 경제에 큰 흑자를 안겨주고 있다. 후르츠 토마토가 유명하고 정말 맛있다. 그러나 후르츠 토마토를 포함한 많은 생산물은 마을 밖으로 판매하기 위한 것이었기에 농업이 번성한 지역이면서도 정작 주민들이 먹는 채소 대부분을 마을 밖에서 구매했다. 그래서 나는 "이 돈이 새는 것을 어떻게든 하고 싶네요"라고 이야기했다.

후르츠 토마토 농가는 계속 판매하여 수입을 얻고 싶을 테니 그곳은 건드리지 못한다. 그러면 어떻게 하면 좋을까? 알아보니 마을에 텃밭을 가꾸는 사람이 꽤 있었다. 퇴직한 할아버지들과 정정한 할머니들이 채소를 많이 기르고 있었다. 그분들은 이웃에게도 채소를 나눠주고, 마을 밖에서 채소를 사는 일도 없었다. 당신들이 먹고 나눠주어도 남는다고 했다.

"그렇다면 남는 채소를 텃밭이 없는 사람, 특히 이주한 지 얼마 안 된 사람 등 '나눔 네트워크' 밖에 있는 사람들에게 연결하면 좋겠다"라는 발상으로 만들어진 게 '소규모 다품종 농산물 생산과 순환형 유통시스템 창출사업'이다.

'소규모 다품종 농산물'이라는 표현은 거창하지만, 사실 텃밭에서 가꾼 채소를 말한다. 텃밭의 채소 재배를 응원하고 그것을 사람들과 잘 연결하여 순환형 유통시스템을 만들면 마을 밖에서 채소를 사지 않아도 된다는 의미의 프로젝트다.

비전을 만들어 루프도로 구조를 작성한 후에 떠올린 시책이다.

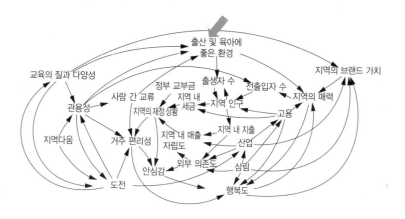

<그림 5> 아이 낳기 편하고 키우기 좋은 환경 조성 사업

　〈그림 5〉의 화살표가 가리키듯, '아이 낳기 편하고 키우기 좋은 환경'이라는 요소도 중요하다. '이 마을에서 아이를 낳고 싶다, 아이 키우기 좋다'는 마을이 되지 못하면, 청년 유출을 막을 수 없다. 그러면 출산율과 인구감소뿐만 아니라 마을의 매력도 떨어진다고 위원들은 생각했다.

　육아 중인 엄마들에게 아이 낳기 편하고 키우기 좋은 환경을 만들기 위해 마을이 할 수 있는 일을 물어보니 "임시 보육이 없어서 불편하다"라는 의견이 많았다. 일 때문에 정기적으로 아이 맡길 곳은 있지만, 잠깐잠깐 치과나 미용실에 가야 할 때 마음 편히 맡길 장소가 필요하다는 의견이었다. 그래서 '안심 육아 지원 시스템'을 만들어 아이를 안심하고 맡길 수 있는 장치를 고안했다.

　이처럼 호프, 스텝, 점프 3단계 마을 만들기를 진행하지만 나는 어디까지나 프로세스 설계와 장소 진행을 지원하는 퍼실리테이터＊일 뿐이고, 이를 실제 진행하는 것은 마을 주민이다. 대부분 마을 만들기와 비전 만들기를 위한 위원회가 설치되어 있고, 10~20명의 위원이 그 핵심 주체다.

추진 체제 만들기

구체적인 단계 진행 방식을 설명하기 전에 전체를 진행하는 추진 체제에 관해 알아보자.

이제까지의 경험에서 중요하다고 생각한 포인트는 4가지다.

첫째, 마을 종합계획의 핵심으로서 공유비전 만들기

둘째, 공유비전을 만드는 위원을 공모로 모집하기

셋째, 실행 단계까지 고려하여 위원회를 구성했다면 민간과 공무원의 혼성팀으로 운영하기

● 퍼실리테이터(facilitator)는 조직 역량 개발, 개인 변화, 문제 해결, 갈등 관리, 전략 수립, 조직 개발, 조직 문화, 지역 개발, 정책 수립 등을 지원하기 위해 의뢰자의 니즈를 파악하고 운영 방안을 마련하여, 구성원의 의견과 최적의 해결책을 끌어내어 제시하는 사람이다(네이버 지식백과). 유사어로서는 갈등 조정자, 모더레이터(moderator)가 있으며, 의뢰받은 주제에 관해 정보를 제공하는 컨설턴트보다 훨씬 더 능동적이고, 민간영역에 국한하지 않고 공공영역에서도 활동한다는 점에서 활동 범위가 넓다. 이 책에서는 '촉진자'라는 번역어보다 (국내에서도 흔히 쓰는 용어이기 때문에) 별도의 번역 없이 퍼실리테이터라고 표기한다. (역주)

넷째, 이주자가 많은 지역이라면 주민과 이주자 비율을 반반 씩 구성할 것

우선 중요한 것은 마을의 공유비전을 만드는 것이다. 공유비 전을 만들려면 위원들이 많은 시간을 공들여야 한다. 그렇게 같이 만든 공유비전을 마을을 위해 어떻게 사용할 것인지 알릴 필요도 있 다. 공유비전의 용도가 명확하지 않으면 '만들고 끝'이 되어버린다.

'애써 만들었는데 저 비전은 어떻게 될까? 쓸모없게 될 것 같은 데…'라는 생각이 주민들에게 생기면 역효과가 날 것이다. 이 부분 을 매우 조심해야 한다.

내가 이제까지 관여해 온 마을의 공유비전 설정 과정과 체제에 관해 알아보자.

처음 공유비전 만들기에 관여한 것은 시마네현 오키군(隱岐郡) 아마정(海士町)이었다.[*] 내륙에서 페리로 3시간 정도 거리의 나카노 시마(中ノ島)에 있는 아마정은 인구 약 2,350명으로 농업과 어업이 번성한 마을이다.

한때 마을 인구가 격감하여 재정 파탄 직전이라는 위기 상황에 빠진 후 '섬을 통째로 브랜드화', '고교 매력화' 등 멋진 시도를 하여 이주자와 방문객이 끊이지 않는 '지방창생 모델 지역'이다.

---

[*] 아마정(http://www.town.ama.shimane.jp)은 『우리는 섬에서 미래를 보았다』(남해의 봄 날, 2015.)에 소개되어 유명한 지역이다. (역주)

그러나 이 마을에도 '세대교체'라는 당면 과제가 있었다. 몇십 년 동안의 위기에서 아마정을 다시 일으켜 세운 마을 만들기는 강력하고 매력적인 리더인 당시 야마우치 정장과 사천왕이라고 불린 과장들의 합작품이었다.

그러나 슬슬 세대교체가 필요하다고 생각한 마을사무소는 2015년 3월 차세대 동료를 만들기 위해 아마정판 창생통합전략정책 수립을 위한 주민 참가형 회의를 만들었다. 이것이 '내일의 아마를 만드는 모임{통칭: 아스아마(明日海士)}'이다.

아스아마 멤버는 20~40대 남녀로, 전략 수립에 능할 뿐만 아니라 실제 현장에서 수행 의지가 강한 사람을 조건으로 모집했다. 그리고 차세대를 뽑기 위해 연령 제한을 두었다. 상공회 청년부, 마을사무소의 젊은 직원 등이 참여하여 최종 20명을 뽑았다.

민간 11명은 어업, 농업, 요식업, 건설·건축, 교육, 복지 등 폭넓은 분야에서 참가했고, 행정에서도 총무, 산업, 건설, 복지, 교육 등 여러 부서에서 9명이 모였다.

정장으로부터 업무를 위임받은 아스아마는 6개월 동안 차세대를 생각하는 새로운 마을 만들기 계획으로서 '아스아마 챌린지 플랜'을 정리했고, 마을은 이 계획을 토대로 아마정 창생종합전략인 '아마 챌린지 플랜'*을 수립했다.

이 계획은 정부의 「마을·사람·일자리 창생법」(2014년)을 기초

● 아마정 종합계획 원문은 http://www.town.ama.shimane.jp/gyosei/1100 참조. (역주)

로 한 것이다. 아스아마가 만드는 공유비전은 정부 법률에 근거한 마을의 종합전략의 토대가 될 것이었고, 그런 전제하에 멤버들도 심기일전하여 더욱 분발했다.

예전부터 아마정과 인연이 있던 나는 '아스아마 챌린지 플랜'을 만드는 프로세스 설계와 퍼실리테이션을 담당했다. 전략 자체가 아니라 전략 수립 과정을 지원한 것이다.

아스아마는 6개월간 회의를 13회 개최했고, 각 회의당 4시간이 들 정도로 진지하게 회의에 임했다. 휴일과 일과 후의 시간, 때로는 밤늦게까지 의논했다. 나도 매월 참석하여 구체적인 작업을 설명하면서 퍼실리테이션을 했다.

나는 '아스아마 챌린지 플랜'이 만들어진 후에도 '아마정 매력화 퍼실리테이터'라는 직함으로 종종 방문했고, '아마정다운 행복'을 측정하는 행복도 조사를 하기도 하고, "없는 것은 없다"●라는 아마정의 멋진 슬로건과 존재 방식을 이론화하여 홍콩에서 개최된 QOL(Quality of Life) 국제회의에서 발표하는 일 등을 했다.

그다음, 홋카이도 시모카와정에서도 일했다. 2018년에는 구마모토현 미나미오구니마치(南小国町)의 일도 시작했다.●● 미나미

● '없는 것은 없다'는 말은 모두 다 있는 지역이라는 의미가 아니라 ① 도시처럼 편리한 것은 없어도 좋다, ② (기본적으로 부족한 것은 없으니) 살기에 중요한 것은 모두 여기에 있고, 없는 것은 (기존에) 있는 것에서 '스스로' 만들어 낸다는 의미다. 즉, "없는 것'은' 없다"를 "없는 것'이' 없다"로 만드는 것이 목표라는 의미다(https://naimonowanai.town.ama.shimane.jp). (역주)
●● 미나미오구니마치 사례에 관해서는 柳原秀哉. 2021. 『南小国町の奇跡: 稼げる町になるために大切なこと』. CCCメディアハウス(윤정구・조희정 역. 2023.『돈 버는 로컬: DMO 지역관광마케팅』. 서울: 더가능연구소.) 참조. (역주)

오구니마치는 유명한 구로카와온천을 비롯하여 여러 개의 온천 발원지를 가진 인구 4천 명 규모의 마을이다.

아마정의 아스아마 멤버들과 구로카와온천의 시도를 배우러 갔을 때 인연을 맺은 미나미오구니마치의 다카하시 정장은 아마정과 시모카와정의 시도를 듣고 나와 꼭 함께하자고 협의했다.

그렇게 마을 종합계획의 골격이 되는 '2050년 이상적인 미나미오구니마치의 모습'이라는 공유비전을 만들었다. 공유비전 책정위원회 멤버는 공모에 지원한 주민 11명과 마을사무소 직원 15명을 합쳐 모두 26명이었다. 관광업, 농업, 임업, 축산업, 개인사업자 등 폭넓은 분야에서 모였다. 6개월간 열 번의 회의를 하여 공유비전을 만들었다. 나는 SDGs 틀로 공유비전 만들기 프로세스를 설계하고 퍼실리테이션을 담당했다.

위원회 최종 회의는 주민들 앞에서 공유비전 책정위원의 보고로 진행되었고, 모두 계획을 돌려본 후 마지막으로 정장이 검토했다. 그 후에 이 공유비전을 토대로 마을 종합계획을 수립했다. 나는 '미나미오구니마치 정책고문'을 맡아 비전 실현을 위한 프로젝트를 수행하고 있다.

도쿠시마현 가미카쓰정(上勝町)에서도 마을 만들기를 지원했다. 가미카쓰정은 나뭇잎 비즈니스[•]와 제로 웨이스트 시책으로 유명한 지역이다. 2020년부터 마을 최상위 계획인 '활성화 진흥계획'을

[•] 가미카쓰정의 이로도리 사례(https://irodori.co.jp)는 『기적의 나뭇잎 이로도리』(황소걸음, 2009.) 참조. (역주)

수립하면서 적극적으로 SDGs를 도입하여 '2030년 이상적인 마을의 모습'을 공유비전으로 제시했다.

주민 대상의 안내문에는 이렇게 쓰여있다.

"계획 수립에 있어서 눈앞의 문제 해결에만 급급한 것이 아니라 앞으로 생겨날 미래 세대의 일과 마을을 둘러싼 사회 정세 변화 등을 예측하여 '이상적인 모습'을 그려보았습니다. 미래 시점에서 현재를 돌아보며 장기적인 관점에서 마을 만들기를 할 필요가 있습니다."

2019년 '2030년 가미카쓰정 공유비전'을 작성했고, 그 비전을 근거로 '활성화 진흥계획(종합계획)' 등을 수립하고 이를 구현하기 위한 사업을 구성했다. 공유비전을 담당하는 SDGs 추진위원회가 설치되었고, 공모로 주민 9명과 마을사무소 직원 6명을 위원으로 선정했다.

제로 웨이스트 활동 등을 통해서 이 지역과 인연을 맺었던 내게 협력 요청이 와서 프로세스 설계와 퍼실리테이션을 담당했다. 위원회에서는 6개월간 본회의 7회 및 자발적인 모임을 거쳐 다듬은 공유비전을 의견 공모 절차에 부쳐 보다 많은 주민 의견을 수렴하여 마무리했다. 지금은 비전 실현도를 측정하기 위한 지표 만들기를 하고 있다.

이상, 지금까지 해온 마을의 구체적인 추진 체제를 소개했다.

위원회를 설치하여 추진하는 과정에서 더욱 유의해야 할 몇 가지를 더 전하고 싶다.

첫째, 위원회 개최 횟수다. 내가 지원하는 경우, 대개 월 1회씩 6개월에서 1년 정도 위원회를 개최했고, 위원회를 10회 정도 개최하면 3단계(호프, 스텝, 점프)를 매우 착실히 진행할 수 있었다. 위원회 개최 시간은 1회당 보통 2시간에서 2시간 반이 많았다.

무엇보다 개최 횟수에서는 3단계의 최초 단계인 '호프(공유비전 그리기)' 과정에 시간이 많이 소요되었다. 다음 해에 이어갈 스텝, 점프를 진행하기도 하고, 지표 구상 작업도 했다. 또한 내가 퍼실리테이터로 관여하는 본회의 이외에는 대체로 위원들이 자발적으로 모임이나 분과 회의를 개최하며 의논했다.

둘째, 위원회 개최 시간이다. 시간대에 따라 참가하기 어려운 층이 있다. 직장인 위원이 참가하기 편하게 퇴근 후 오후 6시 반 정도부터 개최하는 일이 많지만, 이 시간대에는 육아세대 어머니 등이 참가하기 힘들다. 그래서 점심시간에 개최하기도 했다. 밤에 개최할 때는 돌봄 서비스 지원 등이 필요했다.

셋째, 퍼실리테이터의 역할이다. 위원 모두 마을 주민으로서 자유롭게 창의적으로 미래를 그리고 싶어 하므로, 퍼실리테이터는 외부 전문가에게 맡기기만 하면 된다고 생각하기 쉽다.

그러나 내가 퍼실리테이터를 맡을 때는 전체 페이스에 주의를 기울인다. 주민과 이주자는 표현 방식이나 그 리듬이 다를 수 있기 때문이다. 도시에서 온 이주자는 바로 생각하고 바로 말하는 경우

그래픽 기록 사례

가 많다. 반면 주민은 깊이 생각하고 입이 무거운 경우가 많다. 나도 도시 출신이기 때문에 항상 빠르게 생각하고 빠르게 말하지 않으려고 주의한다. 내가 빠르게 진행해 버리면 주민들의 소중한 이야기를 듣지 못하고 회의가 끝날 수도 있어서 매우 조심한다.

넷째, 위원회 기록 남기기다. 프로세스의 투명성과 이번 회의에 못 오고 다음 회의에 오는 사람을 위해 그리고 위원회 활동에 관심 있는 사람을 위해 회의 기록을 철저히 해야 한다. 작업한 서류와 붙였던 포스트잇, 사진 등을 기록으로 남기고 영상 기록도 할 수 있다.

제일 유용한 것은 그래픽 기록이다. 의논과 발표 내용을 실시간으로 종이와 화이트보드에 글과 일러스트 등으로 기록하는 것이다. 그래픽 기록이 가능한 사람에게 협조를 구하면 매회 기록을 알기 쉽게 남길 수 있다.

가미카쓰정에서는 니이 사토코(新居慧香)라는 훌륭한 분이 그래픽 기록을 잘해줘서 매회 이전 회의의 논의 내용과 합의 사항을 함께 확인하며 새로운 논의를 진행할 수 있었다. 덕분에 도중에 다시 문제 삼는 일이 생기지 않아 부드럽게 진행되었다.

추진 체제 설명까지 끝났고, 다음은 마을 만들기 3단계를 자세히 설명한다.

제2장

마을 만들기 호프 단계

1. 백캐스팅으로 비전 만들기

비전이란 무엇인가

여러분의 조직과 지역에 '이런 모습이 되고 싶다'는 미래 비전이 있는가. 비전은 무엇이고 왜 중요한가.

사전에서 '비전'이란 단어를 찾아보면 "미래의 구상, 전망, 미래를 내다보는 힘"이라고 나온다. "시력"이라는 의미도 있다.

비전은 영어로 'vision'이지만 영어로 현재에서 미래를 바라본다는 의미의 단어는 'projection(예측, 계획, 투영)', 'prediction(예보, 예언)', 'prospect(전망, 예측)' 등 여러 개다. 이들 단어와 비교하면 '비전'이라는 단어에는 능동적으로 '이렇게 하자'라는 강한 의지가 포함되어 있다고 볼 수 있다.

옥스퍼드 영어 사전에서 'vision'을 찾으면, 맨 처음에 "Something which is apparently seen otherwise than by ordinary sight"라는 정의가 나온다. 다른 사람에게 보이지 않는 것을 본다는 의미가 있는 것이다.

그리고 비전은 보통 '그리다'라고 표현한다. 반면 예측은 '그리다'라고 말하지 않는다. 비전은 '보이는 것'이 아니라 '보는 것'의 의미가 있기 때문이다.

비전이 중요하다고 생각하는 이유는 '향하고 있는 행선지, 목적지'를 가리키기 때문이다. 행선지를 모르면 진행 노력도 헛수고가 되고 만다.

행선지를 단지 '○○로 00번지'라는 종착지 주소가 아니라 '향하는 방향'이라고 생각하길 바란다. 나는 종종 '북극성 같은 것'이 행선지라고 말한다. 북쪽으로 가고 싶다면 북극성을 기준으로 이동하면 된다. 북극성이 반짝반짝 빛나고 있는 한 그곳을 향해 걸어가면 북쪽으로 갈 수 있다. 그런 존재와 역할을 하는 것이 비전이다.

비전의 효과는 무엇인가

비전을 설정하면 어떤 점이 좋을까.

우선 흔들림 없이 일을 진행할 수 있다. 개인, 기업, 조직, 지역, 국가 모두 비전을 설정하면 자신들의 향상 정도를 측정할 수 있다. 목표를 향해 적절한 방향으로 움직이고 있는지도 파악할 수 있다. 비전이 명확하면 어느 정도 잘 가고 있는지 정확하게 판단할 수 있다.

뭔가 변화를 시도할 때는 사고가 자주 발생한다. 예상치 못한 간섭이 등장하기도 한다. 반대하는 사람도 나올 수 있다. 예기치 못한 많은 일이나 재해가 일어날 수도 있다.

그러나 "우리는 저곳을 목표로 분발하고 있습니다"라고 공유하는 토대가 있으면, 많은 문제 속에서도 진행할 수 있는 원동력을 만들 수 있다. 이것이 비전의 존재 가치다.

그리고 현 상태 입각형이 아니라 '이상적인 모습'을 그리는 일부터 시작하는 백캐스팅 방식으로 비전을 만들면, 그렇지 않았을 때는 얻을 수 없는 큰 변화를 만들 수 있다.

구체적으로 개인, 기업, 도시, 정부의 사례를 보자.

백 캐 스 팅 방 식 으 로 비 전 을 만 든 사 례

예전에 내가 겪은 일이다. 나는 남편의 유학 때문에 29세부터 2년간 미국에서 살았다. 당시 내 생각은 이랬다.

'2년간 뭐라도 제대로 익혀야 귀국한 후에 나도 할 수 있는 일이 있겠지? 우선 영어나 좀 제대로 해볼까. 2년밖에 시간이 없으니 평범한 방식으로는 영어가 안 늘 것 같은데.

그러면 최고 목표를 설정하고 열심히 해보자. 제일 높은 목표는 동시통역이지.

그래, 2년 후에 귀국하면 동시통역을 할 수 있는 사람이 되어보자.'

정말 황당한 목표였다(지금도 전혀 그 정도 수준이 아니기 때문에 창피해서 누구한테 말도 못 하는 사연이다).

그러나 그 덕분에 미래의 이상적인 모습을 기준으로 백캐스팅하여 2년간 영어 공부법을 궁리하고 열심히 영어를 익혀 귀국 후에 순차통역 정도는 할 수 있게 되었고, 수년 후에는 동시통역도 가능하게 되었다(자세한 영어 학습 방법은 『새벽 2時에 일어나면 뭐든지 할 수 있다!』라는 책에 나와 있다).

중요한 것은 2년간 미국 체류가 정해졌을 때 내 영어 수준을 고려해서 일상 회화부터 안 되니 초보반에 들어가서 회화부터 익히자는 식으로 포어캐스팅식 접근을 했더라면 지금의 내 영어 실력은 없었을 것이라는 사실이다.

기업 사례로는 세이코 앱슨의 프레온가스 규제에 대한 대처법이 있다.

오존층 파괴가 문제였을 때, 정부는 기업에 단계적 프레온가스 감축을 요구했다. 반도체 제조 공정에서 프레온가스를 사용하던 세이코 앱슨도 사용량 조사 결과, 매우 많이 사용한다는 것을 알게 되었다.

프레온가스가 인체와 환경에 유해하다는 것을 알게 된 당시 나카무라 사장은 "단계적 감축이 아니라 아예 제로로 하자"라고 말했다. "인체와 환경에 나쁘다는 것을 알았으니 사용할 수 없다. 그래서 세이코 앱슨은 프레온가스 사용량을 제로로 한다"라고 발표했다.

당시에 프레온가스를 사용하지 않고 반도체를 제조하는 기술은 없었다. 그러나 이상적인 모습으로서 '프레온 제로'를 내건 것이다. 정말 백캐스팅 방식의 비전이다.

사장은 사내에서 "프레온가스가 없으면 반도체는 못 만듭니다"라는 반대 의견이 제시되었을 때, 프레온가스 없이 불가능한 사업은 접으라고까지 지시했다. 그래서 제조 현장에서는 프레온가스 없이 반도체를 만드는 방법을 필사적으로 모색했다.

프레온가스는 마지막 공정에서 반도체를 세정할 때 필요했기 때문에 기술자들은 마지막 세정 공정에서 프레온가스 대체재를 찾아야만 했다. 그러나 그 어떤 것도 프레온가스처럼 깨끗이 씻기지 않았다.

모든 수단을 다 써봤다고 생각했을 때, 젊은 기술자 한 명이 이렇게 말했다. "애당초 왜 씻는 걸까? 제조 공정에서 제품에 먼지가 붙기 때문에 마지막에 깨끗이 씻어야 한다면, 그 과정을 조정하여 먼지가 붙지 않는 방법을 찾는 게 더 효과적일 수 있지 않을까?"라며 전혀 다른 발상을 한 것이다.

그렇게 제조 공정을 전부 수정하여 계획보다 1년 일찍 프레온가스를 폐기할 수 있었다. 백캐스팅으로 만든 불가능한 비전이 혁신을 낳은 좋은 사례다.

도시 사례로는 시스템 사고 입문서 『왜 저 사람의 해결책은 항상 잘되는 것일까』에서 소개한 쿠리치바(Curitiba)시 사례가 있다.

브라질 쿠리치바시는 1950년에 15만 명이었던 인구가 2000년에는 150만 명으로 늘어난다는 예측을 근거로 1965년 도시계획에 착수했다.

자동차 중심 사회가 되면 큰일이라고 생각한 당시 레나 시장은 시내에 거미줄처럼 촘촘한 버스 노선을 만들고, 한두 번 갈아타면 어디든 버스로 이동할 수 있도록 교통망을 정비했다. 버스전용차선도 만들었다. 그러자 시민들은 기분 좋게 버스를 이용할 수 있게 되었다. 자동차 운행도 크게 줄었다.

레나 시장은 "아무것도 하지 않으면 인구증가 후에 큰일이 날 것이다. 인구가 많아져도 자동차에 의존하지 않고 시민이 편리하게 이동할 수 있는 환경을 만들고 싶다"라고 생각한 것이다. 현 상태의 연장선상에서가 아니라 현 상태와 다른 불연속의 이상적인 모습을 도시 비전으로 그려 문제에 대처한 사례다.

국가도 백캐스팅으로 비전을 그려 발전할 수 있다.

환경 선진국 스웨덴은 백캐스팅 방식으로 지구온난화에 대처했다. 장기적 목표를 제시한 국가가 거의 없던 2009년에 '2050년 온실효과 가스를 100% 삭감한다'는 목표를 제시했다. '온난화는 계속되면 안 된다. 온난화를 일으키는 이산화탄소 등 온실효과 가스를 제로로 해야 한다'는 이상적 모습을 상정하고 비전을 수립한 것이다. 물론 구체적인 달성 방법까지 제시하지는 못했지만, 우선 이상적 모습이라는 비전을 내걸었다.

정부는 이 목표 달성을 위해 에너지세와 탄소세 부과, 재생 가능한 에너지원 발전 지원, 에너지효율등급 대책 지원, 지자체의 인프라 조성, 에코카와 바이오연료 면세, 전력 인증제 도입, 지자체의 지구온난화 대책 지원, 에너지 다소비형 산업의 에너지효율등급 대책, 대국민 캠페인 등 연달아 중요한 정책을 도입했다.

그리고 2015년 파리협정 채택을 계기로 2016년 장기 목표를 수정하여, '2045년 온실효과 가스 배출량을 제로로 하고 그 후에는 마이너스로 간다'로 목표 달성 시기를 5년이나 앞당겼다.

비전 달성을 위해 「기후변동법」을 제정했고, 중립적인 입장에서 정부에 필요한 정책을 제안하는 기후변동위원회도 설치했다. 위원회의 제안을 받아 현 상태로서는 목표 달성이 어렵다고 판단하여 법률도 개정했다.

스웨덴은 백캐스팅으로 이상적인 모습을 비전으로 내세움으로써 이를 실현하기 위한 법 규제와 지원, 구조 형성 등 다양한 대책을 동원할 수 있었다.

이렇듯 미래를 확실히 바꾸고 싶을 때 백캐스팅 방식의 비전 설정은 개인, 기업, 조직, 마을, 국가 차원에서 여러모로 유용하다.

마을 만들기를 위한 공유비전 만들기

마을 만들기에서 비전은 어떻게 만드는 것인가. 마을 비전을 만들 때는 개인, 경영자, 단체장 등이 함께 그리는 비전이라는 점을 중요하게 생각해야 한다. 그게 바로 '공유비전'이다.

여기에서 공유는 '누군가가 만들고 모두 그것을 알게 하는 것'이라는 의미의 일방통행식 공유가 아니라 '모두 함께 비전을 그린다'는 의미의 공유다. 비전이라는 성과물뿐만 아니라 비전을 그리는 프로세스도 공유한다는 의미다.

마을에는 다양한 생각을 하는 사람들이 있다. 모든 사람이 모든 일에 같은 의견인 경우는 없다. 도로를 만들자는 사람도 있지만, 도로를 아예 만들지 말자는 사람도 있다. 인구가 감소하니까 이 행정서비스는 그만하자는 의견도 있고, 그만두면 곤란하다는 의견도 있다.

이런 견해 차이를 어떻게 극복할 수 있을까. 지금까지는 단체장과 행정이 결정하거나 목소리 큰 사람의 의견이 통하는 방식, 그리고 다수결로 결정하곤 했다. 모두 비효율적인 방법이다.

마을에는 다양한 사고방식과 입장의 사람들이 있으므로 마을 만들기를 할 때는 모두 같은 북극성을 발견하여 마음을 하나로 합쳐서 서로의 작은 차이들을 극복해야 한다. 공유비전은 이 북극성 역할을 한다.

나는 몇 개 마을의 공유비전 수립 과정을 도왔다. 그 경험에서 공유비전의 효력을 많이 경험했다. 각각 중요한 일이 있지만, "모두 함께 이 마을을 이런 마을로 만들고 싶지요?"라며 이미지를 공유하면 없던 힘도 다시 생길 수 있다. 입장이나 하는 일이 달라도 "저 북극성으로 향하기 위해 나는 이것을 하겠다. 당신은 그쪽에서 열심히 하세요"라는 말을 할 수 있게 된다.

도중에 큰일이 생겨도 "우리는 저곳을 목표로 분발했지요. 다시 한번 분발합시다!"라는 말을 할 수 있다. 공유비전이 있으니 모두 함께 때때로 확인하고, 필요하다면 궤도 수정도 하고 시책을 추가하기도 하면서 변경할 수 있다.

2. 공유비전 그리는 방법

쉽게 아이디어 만들기

'마을 종합계획을 위한 비전', 'SDGs에 따른 비전'처럼 위치 짓기가 결정되면 거기에 맞춰 '다음 10년', '(SDGs의 목표 해) 2030년' 등이라고 정하는 경우도 있다. 특별히 그런 규정이 없는 경우에는 10년 후, 20년 후, 2030년, 2050년 등 대략적인 시기도 상관없다. 나중에 변경하거나 조정하면 된다.

그다음에는 그때의 이상적인 모습 혹은 존재하고 싶은 모습을 자유롭게 상상한다.

'이상이 100% 실현되었다면?', '모두 생각한 대로 된다면?'이라고 미래 시점에 어떤 마을이 되기를 바라는지 생각한다.

상상의 날개를 펼쳐보자. '이렇게 되면 좋겠네', '이런 마을이지 않을까'라고 생각하는 것을 포스트잇에 하나하나 쓴다. 정리는 나중에 하면 되므로 걱정하지 말고 오직 포스트잇 한 장에 하나씩 생각난 것을 적는다.

이 부분에서 쉽게 아이디어를 떠올리려면 이상적인 마을과 현재 마을을 비교하면서 늘리고 싶은 것, 줄이고 싶은 것, 바꾸고 싶지 않은 것을 먼저 생각해 보면 된다.

이 방법은 마을 비전 만들기 지원 활동을 시작했을 때 생각한 것이다. 주민들에게 "이상적인 마을 모습을 생각해 주세요"라고 요청해도 "음…"이라며 좀처럼 아이디어를 제시하지 않았기 때문에, 문득 "이상적인 마을이 되면 지금과 비교해 무엇이 늘어날까요? 늘리고 싶은 것은 무엇인가요?"라고 물어보았다. 그렇게 말하자 "아이들 수!", "가게 종류", "모두의 밝은 얼굴!" 등 연달아 아이디어가 나왔다.

"그러면 줄이고 싶은 것은?"이라고 묻자 "빈집과 방치된 땅", "범죄", "독거노인", "스트레스", "배우자의 야근" 등 연달아 아이디어가 나왔다.

"그러면 바꾸고 싶지 않은 것은 무엇인가요?"라고 묻자 "사람과 사람의 정", "아이들의 인사", "아름다운 시골 풍경", "정정한 고령자" 등 다양한 의견이 나왔다.

이후에는 마을 비전 만들기에 참여할 때마다 매번 늘리고 싶은 것, 줄이고 싶은 것, 바꾸고 싶지 않은 것을 물어본다. 그러면 모두 적극적으로 답한다.

그 과정에서 자연스럽게 이상적인 모습이 그려진다. 이상적인 모습 그 자체를 생각하기는 어려워도 '(현 상태와 다르게) 이렇게 되면 좋겠다'라는 '현 상태와의 차이값'은 생각하기 쉽다.

실제 회의장에서는 4~5명 정도 그룹으로 나누어 각각 종이와 포스트잇, 매직펜과 사인펜을 준비하고, 각 그룹에서 '0000년에 희망하는 우리 마을'을 생각했을 때 늘리고 싶은 것, 줄이고 싶은 것, 바꾸고 싶지 않은 것을 의논하면서 포스트잇에 써서 종이에 붙인다. 30분 정도 시간을 정하고 집중적으로 작업한다.

"아이디어를 내는 브레인스토밍이니까, 가능한 한 여러 방면에서 많은 아이디어를 내주세요. 좋은 아이디어, 나쁜 아이디어는 없습니다. 다른 사람의 의견을 부정하지 않고, '이런 것도 가능하지 않을까?'라며 서로 아이디어를 내면서 펼쳐갑시다"라고 말한다. 그렇게 하면 웅성웅성 북적이며 작업을 시작한다. 아이디어를 서로 꺼내는 즐거운 시간이다.

가능한 한 다양한 방향에서 생각하도록 유도한다. "아이들은 어떤 마을이 되면 좋아할까?", "노인들은 어떤 마을이 되면 기뻐할까?", "마을의 가게에 있어서는 무엇이 좋을까?", "마을 만들기에는 어떤 사람들이 관여하면 좋을까?", "다른 마을이나 세계와는 어떤 방법으로 연대해야 할까?" 등 다양한 각도에서 생각할 수 있도록 한다.

각 그룹의 모습을 보고 좀처럼 아이디어가 나오지 않는 분위기가 느껴질 때는 "우선 아이디어 개수 승부입니다! 어떤 그룹이 제일 많은 아이디어를 제시할까요? 나중에 세어봅시다"라고 말한다. 그러면 우선 아이디어가 많은 것이 중요하기 때문에 '이런 것도 괜찮을까?', '이런 바보 같은 이야기를 하면 다들 어떻게 생각할까?'라는 우려에서 벗어날 수 있다.

왕성하게 아이디어를 내는 그룹이 있지만 침묵하는 그룹도 있다면, "잠시 다른 그룹의 내용도 볼까요"라며 '테이블 투어'를 한다. 이때 테이블마다 설명 요원을 한 명씩 남겨두고 다른 멤버는 다른 테이블의 아이디어를 보러 간다. 설명 요원도 다른 그룹 사람들의 질문을 받고 설명하면서 자기 생각을 다시 한번 확인하고 부족한 점을 발견할 수 있다.

5분에서 10분 정도 시간을 정해 테이블 투어를 하고 "그러면 각자 자기 테이블로 돌아가 작업을 계속합시다"라고 하면, 각 그룹은 더 분발하여 아이디어를 내며 회의를 진행한다.

현 상태와 문제점은 일단 접어두기

백캐스팅으로 비전을 만들 때 최고 요령은 '자기 다리를 물고 늘어지는 자신의 목소리에 지지 않는 일'이다. 이상적인 존재 방식을 생각하다 보면, '현 상태에서 그런 것은 불가능해', '그렇게 되면 좋지만, 도대체 어떻게 그렇게 만들어?'라는 생각이 마음속에서 나온다. 그때 중요한 것은 "무리인가 아닌가는 나중에 생각해도 되니 그런 생각은 잠시 접어두세요"라고 말하는 것이다.

백캐스팅으로 비전을 생각할 때는 '현 상태와 문제점은 일단 제쳐둘 것'이 중요 포인트다. 실현 가능성이나 실행 수단에 관해서는 '나중에 생각하고 이 단계에서는 생각하지 않는다'라고 각자 스스로 되뇌어야 한다.

아무리 이상적인 상태를 떠올려도 '원점으로 돌아가는 듯하고, 멀리 생각하지 못하게 하는 힘'이 자기 마음속에서 형성되기 마련이다. 지금 현실을 고려해 보면 무리라고 여기게 되는 아이디어도 많을 것이다. 그러나 이런 망설임에 끌려가면 과감한 비전을 그리기 어렵다.

백캐스팅으로 만든 비전은 정말 큰 변화와 도약을 끌어낼 수 있다. '그렇게 되지 않는다', '너무 먼 미래다'라고 여길 수도 있지만 역으로 지금으로부터 20년 전을 생각해 보면, 20년 전의 마을에 비해 지금의 마을이 이상적인가 하는 생각도 해볼 수 있다. 즉, 마을의 진정한 변화를 원한다면 좀 더 적극적으로 과감한 상상을 해볼 필요가 있다.

가능한 한 생생하게 그리기

'어떻게든 그렇게 되고 싶다, 이런 마을이 되고 싶다'는 모두의 생각을 비전으로 만들어야 한다. 오랜 시간 동안 비전을 만드는 과정에서 많은 어려움을 겪을 것이다. 비전이란 게 그렇게 간단히 만들 수 있는 것은 아니기 때문이다. 바로 그래서 '저곳에 도달하고 싶다'는 힘이 있는가가 중요하다.

그런 상태의 비전이 되기 위해서는 가능한 한 생생하게 그려봐야 한다. 비록 문서로 작성할 때는 추상적 표현이 되더라도 그것을 머릿속에 최대한 생생하게 그려야 한다. '이게 실현되면 마을 사람들은 어떤 행복을 느낄까', '이게 실현되면 어떤 모습으로 생활을 즐기고 있을까'를 구체적으로 상상해 보는 것이다.

물론 상상의 이미지일 뿐이고 그 자체가 비전은 아니지만, '비전이 실현되고, 그다음 날 새벽은 어떤 상태일까'를 상상하며 구체적인 모든 요소를 그 안에 넣어보는 것이 중요하다.

비전과 수단 구별하기

아이디어를 모으는 과정에서 "어떻게 그렇게 만들 거야?"라며 이야기가 방법론 쪽으로 흘러갈 수도 있다. 그러나 수단에 관한 논의는 나중에 해도 된다. 어떤 방법이 된다, 안 된다를 이야기하다 보면 비전에 관한 논의가 아니라 수단에 관한 논의가 되기 쉽다.

비전과 수단은 구분해야 한다. 예를 들어 빈집을 줄이고 싶다는 아이디어가 나왔다면, 무엇을 위해 줄이고 싶은가, 줄이면 무엇이 변하는가에 관한 논의를 진행할 수 있다. 그러다 보면, "낡은 집이 무너질 것 같은 불안함이 없고, 사람이 안심하고 살 수 있다", "마을이 썰렁해지고 쇠퇴하는 것을 막을 수 있다"라는 의견이 나올 수도 있다. 그 과정에서 안심하고 사는 것, 썰렁해 보이지 않는 것이 중요하다는 것을 깨닫게 된다.

그다음에 "무엇을 위해 그렇게 해야 하나요?", "썰렁하게 보이지 않으려면 어떻게 하면 되나요?"라고 물어보면, "썰렁해 보이지 않으면 청년도 돌아오고, 마을이 활기차게 되고, 희망을 품을 것 같다"라는 의견이 나올지도 모른다.

'청년이 돌아와 북적거리고 희망을 느낄 수 있는 마을', 이게 더 비전에 가까운 것이다.

이처럼 (성급하게 구현 수단을 모색하는 것보다) 처음의 아이디어에 무엇을 위해, 그것이 어떻게 되면 무엇이 어떻게 달라지는가를 생각하면서 더 높은 차원의 목적과 비전을 그릴 수 있다.

나는 이런 방식을 '등용문 방식'이라고 부른다.

비교나 부정하는 방식이 아닌

비전은 (다른 마을이 어떻든) '우리 마을은 이렇게 되고 싶다'는 독창적이고 이상적인 모습이다. 따라서 '어떤 마을보다', '제1이 되자'는 식의 비교형이 아닌 독자적 형태여야 한다.

또한 지금 상태를 신경 쓰다 보면 '~가 아니다'라는 식의 부정적 표현이 나올 수밖에 없다. 그러나 부정적 비전으로는 사람을 모으기 어렵다. 부정적 표현을 보고 분발하고 싶은 사람은 없다.

그래서 '빈집 없는 마을'처럼 부정적 이미지가 나오면 긍정적 표현으로 바꿔야 한다. 긍정적 비전은 사람들의 힘을 끌어낼 수 있다.

우리 마을다운 비전 생각하기

마을마다 독자적인 역사, 전통, 문화, 자연, 삶이 있다. 따라서 마을의 이상적인 모습을 생각할 때는 마을 이름만 바꾸면 어느 마을에나 통용될 것 같은 비전이 아니라 '이게 우리 마을이지!'라고 느낄 수 있는 내용을 넣어야 한다.

그래서 비전을 만들 때는 마을의 역사와 전통을 되돌아보고 마을 만들기에 힘쓴 선구자들의 이야기를 들어보아야 한다.

아마정 비전을 수립할 때, 공무원, 상인 몇 명을 마을 만들기 핵심 인물로 선정하여 그동안 고생한 일과 소중히 여겼던 가치에 관해 이야기를 들었다. 그 과정에서 고유한 마을 DNA를 확인하고, 마을의 역사, 문화, 자연을 지탱해 온 비전을 생각해 볼 수 있었다.

비전 전체를 정교하게 만든다는 것은 매우 어려운 일이지만, 주민들이 비전을 보고 '우리 마을의 일'이라고 실감할 수 있는 내용이 반드시 들어가야 한다.

비전을 그리는 과정에서 유념해야 할 포인트 3개는 다음과 같다.

① 즐겁게 진행하기

모두 미간을 찌푸리고 심각하게 회의만 한다면, 지금과 다른 희망찬 마을 모습은 좀처럼 떠오르지 않을 것이다. 따라서 '이렇게 해야만 한다'는 틀에 박힌 사고방식을 버리고 자유롭게 상상할 수 있는 분위기를 만들어야 한다.

몇 번 논의한다고 바로 비전을 만들 수 있는 것은 아니기 때문에 다양한 방식으로 회의를 진행해야 한다.

예를 들어 "지금 이상적인 마을에 살고 있다고 상상해 봅시다. 오늘 하루 일기는 어떻게 쓰실 건가요?"라고 제안하는 것도 구체적 이미지를 떠올릴 수 있는 효과적 방법이다. 연극적 감각을 적용하여 이상적인 마을 모습과 사람들의 삶을 즉흥극으로 해보는 것도 도움 될 것이다.

일기를 써보고, 즉흥극을 해보고, 마을의 어린이, 청년, 젊은 여성, 근로자, 상인, 사업자, 육아세대, 고령자가 되는 롤 플레잉(role playing)을 해보는 모든 과정이 도움된다.

내가 이제까지 시도한 방법 중에 가장 몰입도가 높았던 방법은 '이 마을 최악의 시나리오를 만들어 보자'는 작업이었다. 즉, 되고 싶은 비전이 아니라 거꾸로 절대로 이렇게 되고 싶지 않은 마을 모습을 상상하게 해보았다.

희한하게도 이런 주제에 대한 몰입도는 매우 높다. 많은 사람 앞에서 '최악의 시나리오'를 발표하고 겸연쩍게 웃으며 "그래도 이렇게 되면 곤란하겠죠"라며 생각을 바꾼다. 물론 그 과정에서 좋은 비전에 연결되는 다양한 요소를 모을 수 있다.

② 향후 마을에 영향을 미칠 수 있는 내외 정세 배우기

현 상태의 연장선을 고려하지 않고 이상적인 비전을 만든다 해도 진공상태에서 아무 제약 없이 존재하는 마을은 없다. 따라서, 장

기적인 관점에서 향후 마을에 영향을 미칠 수 있는 내외 정세에 관해 배울 필요가 있다. 그 과정을 통해 눈앞의 현실에 얽매이지 않으면서도 현실적인 비전을 그릴 수 있다.

나는 비전 만들기 과정을 지원할 때 언제나 특히 중요한 정보를 제공하는 시간을 갖는다. 예를 들어 기후변동에 관한 전망과 에너지 정세, 아이들 교육과 성인들의 일자리 방식에 영향을 끼칠 AI 전망 등이다. 개요 수준의 학습이더라도 시대를 이끄는 트렌드에 관해 파악해 두는 것이 중요하다.

아마정은 내가 방문할 때 맞춰 '에다히로 쥬쿠'*를 열어 비전 만들기 위원회 멤버와 주민이 정보를 공유하면서 의논하는 기회를 만든다. 비전을 수립한 후에도 에다히로 쥬쿠는 계속되었다. '지속가능성은 무엇인가', 'AI와 IoT(사물인터넷)의 도래와 영향에 관해 생각하다', '앞으로의 지역경제에 관해'와 같은 주제로 활발한 토론을 한다.

시모카와정, 미나미오구니마치, 가미카쓰정 마을 비전 만들기에서는 SDGs 틀 안에서 마을의 이상적인 모습을 생각했다. SDGs 는 '지속가능발전목표'로서 2015년 유엔이 2030년까지 달성하고자하는 17개 분야의 목표를 정한 것이다. 빈곤, 건강, 교육 등 모든 마을에 중요한 요소들이 포함되어 있다. 수자원, 삼림, 온난화 등 중요한 환경 요소도 있다. 소비, 생산, 고용, 인프라 등 마을의 경제적

● 쥬쿠(塾)는 일반적으로 학생들이 다니는 학원 혹은 기숙사 등을 의미하지만, 일반인을 대상으로 할 때는 일정한 교육 콘텐츠를 갖춘 아카데미를 의미한다. (역주)

측면을 생각할 수 있는 요소도 있다.

이 17개 목표를 기준으로 자기 마을을 생각하는 것은 독선이 아니라 세계 표준틀 안에서 사고하는 것과 같다. 17개 목표 전부를 고려할 필요는 없을지 모르지만, 그래도 일반적인 체크리스트로서 SDGs 틀을 사용할 것을 추천한다.

③ 많은 마을 사람의 의견 듣기

위원회 멤버는 각기 다른 성별과 세대, 지역, 업종 등 가능한 마을의 여러 그룹을 대표하는 분들을 모은다. 그러나 아무리 많아 봐야 20명 정도라서 마을 주민 전체를 커버할 수는 없다.

'모두 함께' 만드는 공유비전인데 한정된 위원회 멤버만으로 만들어도 될까. 주민 전체 의견을 듣는 것은 불가능하지만 최대한 많은 사람의 의견을 들어 비전을 만들기 위해서는 어떻게 해야 할까.

이처럼 문제의식의 근원과 여러 시행착오를 거쳐 되도록 투명한 과정으로 위원회를 운영하고, 위원 외 사람들의 목소리에도 귀 기울이려고 한다. 위원이 아니더라도 위원회에 옵저버로 참가할 수 있고, 시간상 참가하기 힘든 분들에게는 출장 방식으로 의견을 들어 되도록 최대한 많은 주민에게 도달하려고 한다.

그리고 모든 위원에게 "될 수 있는 한 많은 마을 사람의 목소리를 모아주세요"라고 부탁한다. 여기에서도 이상적인 마을이 되려면 늘리고 싶은 것, 줄이고 싶은 것, 바꾸고 싶지 않은 것에 관해 듣는다. 이 세 개의 질문이라면 어린이나 고령자도 생각하기 쉽기 때문이다.

인구 4,300명 정도의 미나미오구니마치정에서는 위원이 분담하여 550명 마을 사람의 목소리를 모았다. 8명 중 1명의 의견은 들은 것이다. 인구 1,500명 정도의 가미카쓰정에서도 분담하여 무려 475명의 의견을 들었다.

그룹이 아이디어를 분담하여 비전 시안 만들기

이처럼 다양한 궁리를 하면서 모은 늘리고 싶은 것, 줄이고 싶은 것, 바꾸고 싶지 않은 것을 그룹별로 분담한다. 그러나 많은 사람으로부터 모은 포스트잇 메모를 전부 비전에 반영하는 것은 불가능하다.

미나미오구니마치에서는 중복 내용을 합쳐 계산했는데도 440개의 늘리고 싶은 것, 줄이고 싶은 것, 바꾸고 싶지 않은 것이 나왔다. 동일 의견을 몇 명이 말했는지 파악하여 포스트잇에 적었다. 30명 이상인 의견은 될 수 있는 대로 비전에 반영하고, 10명 이상 29명 이하 의견에서 중요하다고 생각되는 것을 추가하는 방향으로 작성했다.

마지막에 2명 이상 9명 이하 또는 1명뿐인 의견도 다시 보고, 번득이는 아이디어나 마을다움이 느껴지는 의견을 비전에 포함했다.

포스트잇은 교육과 아이들, 산업 등 주제별로 구분할 수 있었고, 아동, 청년, 노동자, 고령자 등 대상별로도 구분할 수 있었다.

로컬 전략: 백캐스팅으로 만드는 마을의 미래

SDGs 틀로도 정리할 수 있었다.

　몇 개의 계통으로 구별하면서 위원회로서도 이해할 수 있는 그룹을 만들었다. 영역별로 팀을 만들어 많은 포스트잇을 펼쳐놓고 수정하면서 선택과 기각을 상의하며 비전 문장의 시안을 만들었다.

　위원회 시간 내에 전부 정리하는 것은 어렵기 때문에 보통은 사무국이 각 팀이 만든 비전 시안을 정리하여 톤을 조정하고 비전안(案)을 만든다. 그 후 몇 회의 위원회를 실시하면서 비전안을 논의하고 손질한다. 최종적으로 공동 논평 형태로 마을 주민에게 널리 의견을 구하고 필요한 재조정을 하여 비전을 완성한다.

제3장

마을 만들기 스텝 단계

1. 시스템 사고로 구조를 시각화하기

보이는 것은 빙산의 일각

나의 마을 만들기 지원 활동의 특징은 백캐스팅과 시스템 사고다. 20여 년 전에 미국에서 시스템 사고를 접하고 어떻게든 일본에 널리 알리고 싶었다. 그래서 귀국하고 동료와 2005년에 '체인지·에이전트'라는 회사를 설립하여 기업 대상 연수를 했다.

2018년부터 대학원대학 지선관에서 사회인 대상 MBA 코스로 '시스템 사고와 지속가능성으로의 도전'을 강의했고 지자체에서도 같은 주제로 연수를 했다. 시스템 사고는 정말 도움된다고 실감하기 때문이다.

'시스템 사고'는 '사물은 다양한 요소가 연결되어 형성되고 있다'는 사고방식이다. 세상에는 보이는 것과 보이지 않는 것이 있다. 보이는 것만 보고 '이것이 문제다. 그러니까 이렇게 하면 좋다'는 식의 대책을 내놓아도 사실 잘되지 않는다. 보이는 것은 빙산의 일각이기 때문이다.

그 아래에는 표면에 나타나지 않은 다양한 요소의 연결이 구조를 이루고 있다. 그 구조를 이해하지 않고 눈앞만 보고 대중요법을 해봐야 "죽을힘을 다해도 상황이 안 변하네" 혹은 "다른 문제가 생겨버렸다!"라는 식의 상황만 생길 뿐이다.

다양한 요소가 연결되어 있는 전체 상황을 '시스템'이라고 부른다. 개별 요소가 아니라 시스템으로 상황을 촉진하고자 하는 접근 방식이 '시스템 사고'다. 시스템 사고는 1930년대 미국 MIT에서 만든 사고법으로 국제기구, 기업, NGO 등에서 널리 사용하고 있다. 연결을 거슬러 관계성의 구조를 널리 촉진함으로써 대중요법이 아닌 본질적으로 효과적인 해결책을—부작용을 예측하고 줄이면서—생각해 보는 접근법이다.

마을 만들기에서도 자주 '이게 문제니까 이렇게 하면 된다'며 문제의 증상만 보고 대중요법으로 대처하는 시도가 많다. 이 같은 직선적 사고방식으로는 또 다른 문제가 생기기도 하고, 해봐야 별로 효과도 없어서 피로감만 누적된다. "누가 누가 나쁘다"라며 책임을 묻는 유감스러운 일도 있다.

마을 만들기를 할 때 누구도 나쁜 마음은 없는데, 누군가가 "진지하게 문제를 해결합시다!"라고 말해도 잘되지 않는 경우가 많다. 그럴 때 "누군가의 의도와 근성, 인격을 비난하는 게 아니라 사고방식을 바꾸면 잘될 거야!"라고 생각하는 것이 시스템 사고다.

즉 잘되지 않는 현 상태는 어떤 구조로 되어 있는가, 이상적인 마을 모습을 만들려면 구조를 어떻게 바꾸어야 하는가를 생각하는 것이 훨씬 유용하다는 것이다.

시스템 사고는 어렵지 않다. 전문가가 아니더라도 누구나 사용할 수 있다(라고 말하기보다 우리는 이미 무의식적으로 시스템 사고에 익숙하다. 인과응보나 비가 오면 우산 장수가 돈 번다는 식의 사고방식이 이미 시스템 사고다).

마을 만들기에 시스템 사고를 응용하는 방법과 요령은 다음과 같다.

① '이대로 가면 어떻게 되나?', '어떻게 하고 싶은가?'라는 패턴을 그려본다.
② 현재의 패턴 구조를 요소의 연결로 생각해 본다.
③ 이상적 패턴으로 바꾸기 위해 구조 안에서 어떤 요소의 연결을 바꾸면 좋은지 생각한다.

이 과정은 어느 정도 비전을 구체화한 후에 진행하기도 하고, 비전을 만들면서 비전을 더 명확하게 하기 위해서 병행하여 진행하기도 한다.

현재의 패턴과 이상적인 패턴 그리기

그러면 패턴 그리기부터 살펴보자.

우선 생각할 것은 '이대로 가면 어떻게 될까?'다. 비전 논의에서

'마을에서 중요한 것'을 모두 함께 선정한다.

예를 들어 '마을 사람과 사람의 정'이라고 치자.

이 둘을 세로와 가로축으로 하는 그래프를 만든다. 가로축의 가운데 '현재'라고 표시한다. 그러면 왼쪽이 과거, 오른쪽이 미래다. 얼마나 과거이고 미래인가는 누가 생각하느냐에 따라 달라질 것이다. 보통 10년 단위로 생각하지만 5년이든 20년이든 떠오르기 쉬운 기간을 중심으로 생각하면 된다.

그리고 '마을에서 사람과 사람의 정이 이제까지 어땠는가'에 대한 이미지를 떠올려본다. "예전에는 강했지만, 최근 몇 년 사이 약해졌다", "그래도 요즘도 이웃 사람을 만나면 인사는 한다"라는 의견이 나올 수도 있다.

여기에서의 핵심은 '패턴'을 생각하는 것이다. 사소한 걸림돌이나 변동은 신경 쓰지 않고, '크게 보면 어떤 패턴으로 변했나'를 생각한다. 모두 "옛날에는 정이 많았지. 지금은 큰 문제 정도까지는 아니지만 조금씩 정이 없어지는 것 같아"라고 생각하면 〈그림 6〉처럼 왼쪽에 조금씩 내려가는 선을 그린다.

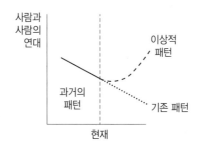

〈그림 6〉 시계열 변화 패턴 그래프 사례

그리고 '나중에 어떻게 될까'를 생각한다. '과거'는 1종류지만 '미래'는 2종류로 생각하는 것이 핵심이다.

우선 '현재의 패턴'을 생각해 본다. '아무것도 하지 않으면 어떻게 되나'이다. '이대로 가면 서로 마주쳐도 인사도 안 하고 정도 약해질 것이다'라고 생각한다면 점점 우측으로 내려가는 선을 그린다.

그리고 마지막으로 '이상적인 패턴'을 생각해 본다. '한동안 조금씩 내려갔지만 앞으로 마을 만들기를 계속해서 사람들의 정이 예전처럼 강해지면 좋겠다'는 이미지를 모두 공유하면 우측으로 올라가는 선을 그린다.

비전 만들기 과정에서 나온 어떤 요소라도 이런 식으로 과거와 미래의 패턴을 만들어본다. 요소 몇 개를 내놓고 그룹별로 만들게 하여 서로 테이블 투어를 하면서 공유할 수도 있다. 그 과정에서 마을의 다양한 요소의 변화를 확인할 수 있다. 요소는 다르지만 패턴은 비슷하게 나오는 경우도 많다.

이것이 '시계열 변화 패턴 그래프'라고 부르는, 시스템 사고의 기본적인 툴(tool)의 하나다. 이 그래프를 그리는 목적은 '단번에 가능한 것이 아닌 시계열 변화 패턴을 알기' 위해서다. 그 과정에서 눈앞의 문제만 보는 것이 아니라 다양한 요소의 패턴이 다르고 달라질 수도 있다는 것을 깨닫게 하려는 것이다. 왜 지금까지 이런 패턴이 진행되었고 어떻게 해야 희망적 패턴을 만들 수 있는가에 관해 생각해 보게 하려는 것이다.

또한 그래프를 그리면서 과거와 현재 상태에 관한 인식을 공유할 수 있다. 아울러 미래로 향하는 분기점에 있다는 의식이 형성되어 현재 패턴을 피하고 이상적인 패턴을 그리고 싶다는 의지가 생길 수 있다.

그렇게 변화의 원동력이 생기는 것이다.

2. 루프도 만드는 법

구조가 만드는 패턴

물론 우리가 직면하는 문제 중에는 "가끔 그런 일이 있었지"라고 하는 것처럼 단발의 문제도 있다. 그러나 "항상 이래…"라는 식으로 문제의 패턴이 형성된다면 그건 그 이면에서 구조가 작동하기 때문이다. 구조가 패턴을 만드는 것이다.

모래밭에 물길을 만들어 놀고 있다고 가정해 보자. 모래밭 입구에서 안쪽으로 만들지, 분기점을 만들지 여러 방향을 고려할 수 있지만, 일단 만들어놓으면 그 방향으로 물이 흐르게 마련이다. 이것이 구조다. 구조가 바뀌지 않는 한 물의 양이 많든 적든, 어떤 색의 물을 흘려보내도 같은 패턴이 나온다. 흘려보낸 물이 점점 모래로 흡수되면 마지막으로는 없어지는 것, 그것이 모래밭이라는 '구조'가 만드는 패턴이다.

사람과 사람의 연결이 약해졌다는 것을 '패턴'으로 본다면 여기에도 구조적 배경이 있다. 시기나 결과에 따라 증감의 변동은 있더라도 서서히 약해지는 패턴이 나온다면 그건 개인 탓이라는 일차

적 문제가 원인이 아니고 구조 탓이다.

제1장에 사례로 든 마을의 어떤 측면의 '구조'를 〈그림 7〉과 같이 표시했다.

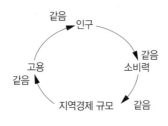

〈그림 7〉 마을 구조 사례

화살표 앞에 '같음'이라고 쓴 것은 화살의 근원에서 화살의 앞으로 '같은 방향으로 변화를 전달한다'라는 표시다. 인구가 늘면 소비력도 늘고 인구가 줄면 소비력도 준다는 것이다.

늘어날지 줄어들지보다는 'A가 늘면(또는 줄면) B도 는다(또는 준다)'는 것처럼 A와 B가 같은 방향으로 변한다는 것을 의미한다. A와 B가 역관계면 '반대' 표시를 한다.

이처럼 2개 요소의 연결은 이 2종류밖에 없다.

같은 상황을 〈그림 8〉처럼 표시할 수도 있다.

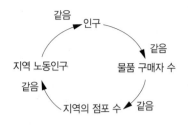

〈그림 8〉〈그림 7〉과 같은 구조 사례

처음에는 〈그림 8〉보다 구체적인 말로 그리는 일이 많을 수 있다. 그러다 생각이 깊어지면서 "장 보는 사람이 늘면 느는 것은 가게 뿐 아니라 가게의 원재료 납품, 배송, 에너지 등 다른 사업자도 늘겠구먼. 그러면 여러 가게와 사업자를 포함할 수 있는 말은 '지역경제 규모'라고 표시할 수 있겠어"라는 상태가 된다.

이처럼 구체와 추상적 요소를 나타내는 표현은 여러 가지다. 유일무이한 정답은 없으므로 스스로 이해할 수 있는 말을 찾거나 필요하다면 변경해도 좋다.

다만 한 가지 규칙이 있다. 루프도에 넣는 요소는 '명사형'으로 써야 한다. '인구가 늘면 장 보는 사람이 늘고'는 '인구가 늘다', '장 보는 손님이 늘다' 등 동사보다는 '인구', '장 보는 손님' 등 명사로 표기한다. 그렇지 않으면 그 순환이 나빠졌을 때 '인구(자체)가 줄다' 가 아니라 '인구증가(추세)가 줄어든다'는 식으로 오해할 수 있다.

마을 인구와 지역경제 루프도를 보고 "인구가 늘어 소비력이 늘어도 마을 밖의 가게와 인터넷에서 구입하는 사람이 늘면 마을의 가게가 잘되지 않겠네"라는 말이 나올 수도 있다. 그러면 그 새로운 요소를 루프도에 넣는다.

〈그림 9〉처럼 추가하면 '소비력 증가'는 '지역 외에서의 소비'도 늘리고 '지역 외에서의 소비'가 늘면 '지역경제 규모'는 마이너스가 된다는(그래서 '반대'라는 연결이 들어있다) 연결이 나타난다.

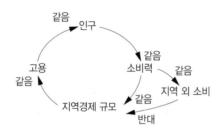

〈그림 9〉 다른 요소 붙이기

실제로 지역경제 차원에서 현재의 지역 소비력 중 어느 정도가 지역경제에 소비되고 어느 정도가 지역 밖으로 유출되는가는 매우 중요한 포인트다. 지역 외에서의 소비가 많으면 지역경제 차원에서는 밑 빠진 독에 물 붓기처럼 아무리 마을의 소비력이 올라도 지역에는 부가 축적되지 않는다.

루프도 작성법 1: 스토리로 그린다

루프도를 그리는 법은 두 가지다. 하나는 스토리로 그리는 방법, 또 하나는 중요한 것이나 바꾸고 싶은 것을 중심에 놓고 펼쳐가는 방법이다.

루프도는 인과관계가 있는 요소를 그림으로 만드는 것이다. 우리들은 평소에 의식하지 않고 인과관계를 스토리로 자주 말한다.

예를 들어 관광업이 지역경제의 핵심인 마을에서 비전 만들기 회의를 할 때 어떤 그룹과 이런 대화를 했다.

주민: "요즘 농가 경기가 안 좋아서 걱정이에요. 농업 경기가
　　　 나빠지면 경작방치지가 늘겠지요."

나: "그러면 어떻게 되나요?"

주민: "경작방치지가 늘면 마을 풍경이 엉망이 되겠죠. 이제까
　　　 지 소중히 지켜온 들녘 풍경이 사라지는 거잖아요."

나: "그렇게 되면?"

주민: "그렇게 되면 관광객이 줄겠죠?"

나: "왜 그런가요?"

주민: "마을에 뭐 대단한 관광자원이 있는 것은 아니지만, 경치
　　　 가 좋아서 보러오는 사람이 많아요. 이게 바로 관광자원
　　　 이 되는 거죠. 그러니까 경작방치지가 늘면 관광객이 줄어
　　　 들 거예요. 관광 매출도 줄고."

나: "그러면요?"

주민: "마을 경제가 나빠지겠죠. 마을 재정의 큰 부분을 관광
업이 지탱하고 있으니까요. 호텔과 민박, 요식업자뿐만 아
니라 그 사람들을 대상으로 장사하는 사업자도 힘들게 되
겠지요."

나: "마을 재정이 악화되면 농업에도 영향이 있나요?"

주민: "엄청나죠. 마을 재정이 악화되면 농업 지원금도 줄어들
거예요. 그러면 농사짓는 사람들도 줄고, 이농자가 늘어
농업 경기가 나빠질 겁니다."

이야기를 순서대로 정리하면 '농업 경기가 나빠지면 경작방치지
가 늘어난다. 그러면 이제까지 지켜온 좋은 들녘 풍경이 사라진다.
그러면 그걸 보러오는 관광객이 줄어들어 관광업 수입이 준다. 그러
면 마을 재정이 악화된다. 그러면 농업 지원금이 줄어든다'가 된다.

다음으로 이 이야기 속에서 늘거나 줄어드는 것 즉 변수를 표
시한다.

다음 문장의 '변수'에 선을 그려본다.

'농업 경기가 나빠지면 경작지가 줄어든다. 그러면 지켜온
좋은 들녘 풍경이 사라진다. 그러면 그걸 보러오는 사람이 줄
어 관광업 수입이 줄고, 마을 재정 건전도가 훼손된다. 농업 지
원금도 줄어든다.'

이렇게 이야기의 스토리에 들어있는 변수를 발견하여 인과관계로 연결한다. 화살표로 원인 변수를 결과 변수로 연결한다. 필요하다면 요소를 보탠다. 예를 들면 〈그림 10〉에서 '관광업 매출'을 바로 '마을 재정의 윤택함'에 연결하지 말고 중간에 '세수'라는 변수를 추가한다.

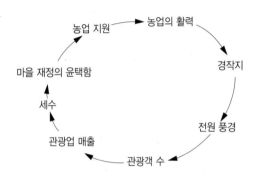

〈그림 10〉 어떤 마을 구조 사례

이렇게 만든 루프도를 함께 보면서 빠진 요소들을 검토한다. 구조 전체를 보면서 모두의 시야가 넓어질 것이다. "농업 경기가 좋아지면 들녘 풍경을 지킬 수 있을 뿐만 아니라 농가 수입도 늘 테니 그만큼 세수도 많이 걷히겠네요", "관광객 수에 영향을 주는 것은 들녘 풍경뿐만 아니라 숙박 시설이나 마을의 환대 정신도 있네요"라는 말이 오가면서 점점 변수와 화살표가 추가될 것이다.

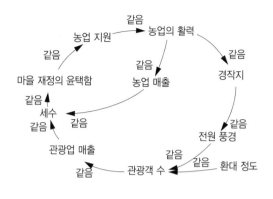

〈그림 11〉 여러 가지 요소 추가

이렇게 마을의 여러 측면을 보면서 스토리로 루프도를 그릴 수
있다. 익숙하게 루프도를 그릴 수 있을 때까지 문장으로 스토리를
만들며 변수를 골라내야 한다.

익숙해지면 스토리를 이야기하면서 루프도를 그릴 수 있다. 내
역할처럼 "그렇게 하면 다음에는 어떻게 되나?", "어떤 연결 때문에
그렇게 이어지는가?"라고 서로 물으면서 비약 없는 자세한 루프도
를 완성해야 한다.

루프도 작성법 2:
중요한 것, 바꾸고 싶은 것을 중심에 놓고 넓혀가기

또 하나는 마을에서 늘리고 싶은 (또는 줄이고 싶은) 것, 중요한

것을 중심에 놓고 연결을 넓혀가는 방법이다.

시모카와정에서는 '마을 사람들의 도전 정신'이 정말 중요하다는 논의가 있었다.

"그러면 그것을 마을 가운데에 놓읍시다. 그리고 도전 정신에 영향을 미치는 것을 찾아봅시다. 도전 정신을 늘게 하거나 줄게 하는 것 혹은 해를 끼치는 건 뭘까요?"

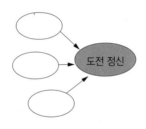

〈그림 12〉 중요 요소에 영향을 미치는 요소 탐구

"도전 정신에 영향을 주는 것과 함께 도전 정신이 영향을 미치는 것도 생각해 봅시다. 도전 정신이 완성되면 어떻게 됩니까? 혹은 도전 정신이 줄어들면 무엇에 영향을 미칠까요?"라고 생각해 본다.

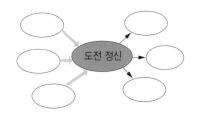

〈그림 13〉 중요 요소가 영향을 주는 부분을 탐구

그다음에는 중요 요소가 늘거나 주는 것에 영향을 미치는 것, 중요 요소가 영향을 미치는 다른 요소에 대해 중요 요소를 중심으로 위, 아래 양방향으로 연결을 넓혀갈 수 있다.

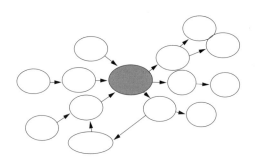

〈그림 14〉 점점 넓혀가기

점점 연결을 만들다 보면 어딘가는 '루프'가 된다. 루프도라고 하지만 루프가 모두 연결되지 않아도 좋다. 요소 사이의 구조를 시각화하고 그것을 넓고 깊게 생각할 수 있다면 성공이다.

이처럼 마을의 지금까지의 패턴을 만들어낸 구조를 생각해 간다. 동시에 '지금은 그렇지 않지만, 이곳과 이곳이 연결되면 선순환이 생길 것 같은' 이상적인 패턴을 찾아내는 것이 중요하다.

루프도는 눈앞의 일뿐만 아니라 넓고 깊게 마을 상황을 생각할 때 도움된다. 그 과정에서 문제라고 생각했던 눈앞의 것이 사실은 문제의 증상에 불과하다는 것을 알게 될 것이다.

〈그림 15〉는 어떤 개발도상국 도시의 교통체증 문제를 다뤄본 것이다. 눈앞의 도로 정체를 해소하려고 차선을 늘리거나 우회도로를 만들어도 문제가 해결되지 않는 경우가 종종 있다.

도로 정체라는 중요 문제를 핵심에 놓고 많은 사람의 의견을 들으며 요소를 찾아내고 연결해 보았다.

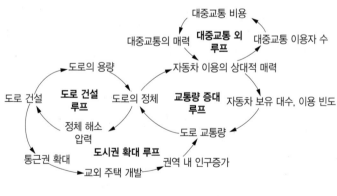

〈그림 15〉 도로 정체 구조 루프도

구조를 넓게 생각해 보니 도로 확장 외의 여러 시책을 만들 수 있게 되었다(〈그림 16〉).

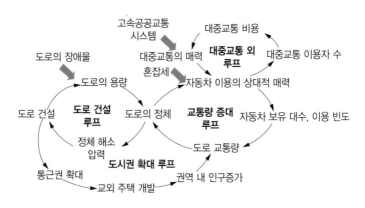

〈그림 16〉 도로 정체 문제에 대한 구조 중심의 여러 시책

자동차 사용 여부는 대중교통수단과 자동차의 매력도에 따라 달라진다. 따라서 대중교통의 매력을 올리기 위해 쿠리치바시처럼 물리적으로 버스전용차선을 만들어 버스가 빠르게 운행하도록 하는 것도 하나의 대책이 된다.

또한 자동차 이용의 상대적인 매력을 줄이기 위해 싱가포르 등에서 시행하고 있는 혼잡세를 도입하는 것도 방안이다. 러시아워에 도심으로 들어가는 자동차에 과세하여 '자동차보다 버스로 가자'라는 사람이 늘어난 것이다.

루프도는 항상 미완성이다

완벽한 루프도는 없다. 아무리 자세히 그려도 모든 것을 포함하는 것은 불가능하다. 루프도는 어디까지나 현실과 이상적인 모습을 간략하게 만든 모델에 불과하다. 따라서 옳은 루프도, 현실을 정확히 반영한 루프도를 만들려고 하기보다 지금 시점에서 사람들이 생각하는 것이 루프도라는 것을 알아야 한다.

루프도는 항상 미완성이다. 따라서 옳은 루프도보다 도움되는 루프도를 그리고자 해야 한다. 루프도 제작을 통해 현실과 이상적인 모습에 관한 이해가 깊어지고 지금보다 더 넓게 생각할 수 있게 된다면 도움되는 루프도다.

또한 마을의 다양한 사람들과 루프도를 만들면서 공통 이해를 위한 소통 도구로도 활용할 수 있다.

루프도는 마을 만들기의 각 요소를 연결할 수 있다. 사례로 제시한 것처럼 농업과 관광이 깊게 연결되어 있는 것을 이해한다면, 산업별 대책과 담당 부문을 나누어 진행하는 것보다 힘을 모아 선순환을 도모하는 것이 더 필요하다는 것을 알게 될 것이다.

〈그림 17〉은 미나미오구니마치의 비전 만들기 과정을 통해 만든 이상적인 구조의 모습이다. 결과적으로 '미나미오구니마치다움'이 완성되었다.

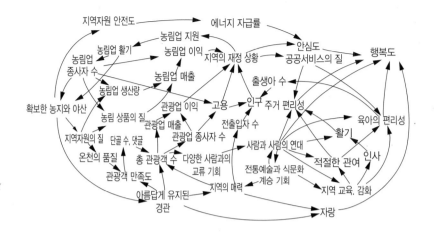

〈그림 17〉 미나미오구니마치의 이상적인 모습 구조

　　빙산의 일각이 아니라 가능한 한 빙산 전체를 파악함으로써 대
증요법이 아닌 근본 해결책을 도모하게 되었다.

제4장

마을 만들기 점프 단계

1. 구조를 바꾸기 위한 프로젝트는 무엇인가

이 단계부터 행정에 맡기자는 금물

아무리 훌륭한 비전을 만들고 아무리 넓고 깊게 마을 구조를 분석해도 실제로 행동하지 않으면 아무것도 바뀌지 않는다. 비전이나 시스템에 의한 마을 분석은 본질적으로 효과적인 시책과 프로젝트를 만들기 위한 초기 단계에 도움되는 것이다.

비전과 루프도를 만들었다면 그다음 단계는 프로젝트를 만들고 실행하는 단계다. 생각이 떠올라 바로 시작할 수도 있지만, 비전과 루프도를 토대로 프로젝트와 대책을 강구하기 위해서는 좀 더 조사와 의논을 보강할 필요가 있다.

마을 비전을 만드는 과정이나 체제가 행정에 착실하게 마련되어 있다면 주민, 위원회, 공무원이 만든 비전을 종합계획과 전략으로 만들어 행정이 책임지고 실행하면 된다. 그때 그저 행정에 전부를 맡기는 것이 아니라 모두 힘을 합쳐 추진한다면 그것 자체가 마을 만들기의 큰 원동력이 될 것이다.

아마정에서는 아스아마 위원회가 이상적인 마을 모습과 루프도 분석에 기초하여 '아스아마 챌린지 플랜'을 수립하고 정장에게 전달했다. 마을사무소는 이를 바탕으로 종합전략을 만들어 여러 시도를 하고 있다. 한꺼번에 전부 진행할 순 없지만, 가용 예산과 자원을 생각하며 순차적으로 진행하고 있다.

이런 시책은 단기적으로 끝나는 것이 아니기 때문에 전체 설계도로서의 비전과 루프도를 바탕으로 한 실천 계획이 있다면 큰 도움이 된다. 예측하지 못한 일이 생기거나 생각대로 진행되지 않을 때도 모두 다시 일어설 '토대'가 되기 때문이다.

행정만 종합계획이나 전략을 진행하는 것이 아니다. 아마정에서는 아스아마 멤버들이 '아스아마 챌린지 플랜'을 정장에게 전달하면서 비전 실천을 위해 각자 무엇을 할 것인지 다짐했다. 위원의 위촉 기간이 끝나도 기회가 있을 때마다 자발적으로 모여 자신들이 진행하는 프로젝트 상황을 공유하며 서로 상담도 진행했다.

나도 아마정을 방문할 때면 그 모임에 참석한다. 모두 함께 고생하며 만든 루프도를 두고 둘러앉아 진행 상황을 공유하고 새롭게 알게 된 구조나 요소에 관한 의견, 앞으로 할 수 있는 일을 논의하는 구성원들의 열기가 매우 인상적이었다.

어업 협동조합 직원인 어떤 위원은 루프도에 잠재적인 지역자원이 들어가야 한다는 의견을 냈다. 자신의 전문 분야를 살려 어업 중심 활동을 하고 싶다며, 그물에 걸린 물고기 중 작거나 흠이 있어 시장에 내놓지 못한 것을 활용한 새로운 가공 프로젝트를 추진한다고 말했다. 작은 전갱이를 말려 한입 크기로 가공하기도 하고, 아마정의 관문인 페리 선착장의 레스토랑에서 작은 전갱이 튀김을 메뉴로 내놓거나 이제까지 활용하지 않았던 해산물로 감바스 통조림을 만드는 등 여러 시도를 하며 상품화를 위해 노력한다고 한다.

관광협회 직원인 위원은 위원 활동 후에 마을의 제3섹터 호텔 '마린 포트 호텔 아마*'의 사장이 되었다. 예전에는 식자재의 지산지 소율이 그렇게 높지 않았지만, 루프도에 표기된 '섬 내 조달률'을 높이려고 호텔 요리사, 농가, 어부들과 이야기하여 호텔에서의 지산지 소율을 조금씩 높이고 있다고 말했다. 2021년 재개장할 때는 '신선한 섬의 식자재를 맛있게 즐길 수 있는 식사'를 추가하여 마을의 매력을 높이고 섬 내 조달률도 늘리겠다고 말했다.

어떤 여성 멤버는 루프도에 있는 '평생현역의 고령화'에 착안하여 모두 즐길 수 있는 장소로서 지역의 맛있는 천연수를 이용한 '천연수 카페' 이벤트를 개최했다. 지역 할머니들이 만든 맛있는 음식을 함께 나눠 먹으며 할머니들도 기쁘게 즐겼다고 한다.

이 외에 옛날처럼 귤을 길러 먹어보자는 시도, 포도 재배 농가 지원을 통해 마을 와인 만들기 프로젝트 등도 진행하고 있다.

행정뿐만 아니라 주민들이 자발적으로 움직이는 시도가 많이 진행되고, 그것이 마을의 매력을 만들고 있다.

● 지금은 'Ento'로 상호 변경(https://ento-oki.jp) (역주)

프로젝트 진행 전에 주력 포인트 찾기

　루프도 구조를 보면서 주력하고 싶은 부분을 찾을 때는 화살표가 많이 모이는 곳을 눈여겨보아야 한다. 그곳이 허브고 핵심이다. 그 부분을 바꾸면 구조의 여러 곳에 파급효과를 낼 수 있다. 반대로 다른 요소와 별로 연결되지 않은 요소를 아무리 애써서 바꿔봐야 파급효과는 미미할 것이다.

　마을 만들기에는 하면 좋은 것과 해야만 하는 것이 많다. 그러나 가용 예산이나 사람 그리고 자원이 한정적이기 때문에 우선순위를 책정해야 한다.

　살릴 요소와 연결을 정하면 요소와 연결을 잘 바꿀 수 있는 프로젝트를 구상한다. 이때 다른 지역의 좋은 사례를 참고하되 구조를 바꿀 수 있는지를 중심으로 참고해야 한다. 지역이 다르면 표면적 증상과 요소가 다를 수 있지만, 마을 만들기 과제나 난제의 구조는 공통되는 것이 있다는 것도 유념할 필요가 있다.

　예를 들어 '다중 악순환'이라고 부르는 구조가 있다. 제1장에서 '인구감소 → 지역경제 규모 감소 → 인구감소'라는 악순환을 설명했는데, 이는 모든 지역이 겪고 있는 과제다. 이런 악순환 때문에 지역 사람들의 의욕과 희망이 꺾여 지역이 점점 황폐해지고, '뭘 해봐야 다 쓸데없다'는 식으로 점점 의욕과 희망이 사라지는 심리적 악순환마저 되풀이되고 있다.

　그렇게 되면 그 마을에는 매력도 사라지고 외부 자본, 사람, 정보, 지혜, 기술, 돈이 들어오지 않게 된다. 모든 것이 황폐해진다. 그리고 이게 바로 악순환이다.

마을이 다중 악순환에 직면했을 때는 눈앞의 문제를 하나씩 풀려고 하지 말고 악순환의 뿌리에 있는 근본적인 구조를 확실히 발견하여 거기에 힘을 써야 한다. 전설에 나오는 머리가 여덟 개인 괴물 뱀과 싸울 때, 머리 하나하나와 싸워서는 문제가 해결되지 않는다. 악순환을 뿌리 뽑으려면 관점을 바꿔야 한다.

참고로, 이 전설에 나오는 주인공은 8개의 통에 독한 술을 넣어 두고, 술 향기에 이끌려 다가온 괴물이 통에 머리를 박고 술을 마시다가 잠들자 단번에 괴물을 퇴치했다.

다중 선순환 설계 사례

마을 만들기 사례 중에는 다중 선순환을 만든 성공 사례가 있다. 다중 선순환이 설계되면 선순환이 선순환을 낳는 것처럼 작은 힘으로 큰 변화를 만들 수 있다.

구마모토현 구로카와온천에는 30곳의 온천 숙박 시설이 있다. 한때는 지도에도 나오지 않는 알려지지 않은 온천이었지만, 1964년 고속도로가 주변을 통과하여 관광버스가 오면서 번성했다. 그러나 그 붐이 사라지고 정체된 시절도 있었다.

1970년대 료칸 경영자들이 세대교체 되면서 료칸조합이 새로

결성되어 적극적인 관광진흥책을 시도했고, 특히 1986년에 시작한 어떤 시도에 의해 관광객이 점점 늘었다.

성공을 이끈 결정적인 프로젝트는 '입욕쿠폰'이었다. 이 쿠폰은 지역 명산품인 오구니삼나무를 얇게 자른 것에 표기한 것으로 목걸이 형태다. 1개 1,300엔(어린이 700엔)이고, 유효기간은 6개월이다.

입욕쿠폰 1개로 구로카와온천의 28개의 개성 있는 온천 중에서 3곳에 갈 수 있다. 하루에 3곳을 돌지 않아도 6개월 내에 사용할 수 있다. 1회 입욕료가 보통 600, 700엔이므로 훨씬 저렴한 가격이다. 구로카와에서 관광객이 입욕쿠폰을 목에 걸고 유카타 차림으로 돌아다니는 것은 명물 풍경이다.

3곳을 모두 이용한 후에는 온천 지역의 신사에 입욕쿠폰을 걸수도 있다. 신사의 난간에 색색의 입욕쿠폰이 걸려 바람에 살랑거리는 풍경 또한 운치 있다.

물론 사용한 후에 집에 가지고 갈 수도 있다. 컵 받침이나 냄비 받침으로 사용하기 좋은 크기여서 집으로 가져가서 사용하는 사람도 많다.

입욕쿠폰을 도입하면서 단골이 늘어 관광객 수도 크게 늘고 활력 넘치는 마을이 되었다. 단발의 성공이 아니라 지속해서 관광객이 늘었다. 불꽃놀이 같은 단기적 이벤트가 아니라 입욕쿠폰 등으로 '패턴'을 만들면 새로운 구조가 형성된다.

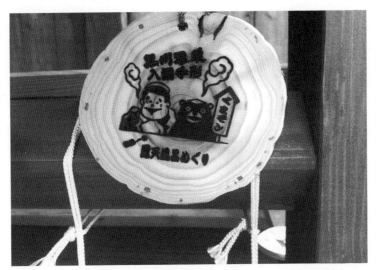

구로카와온천 입욕쿠폰

신사에 걸린 입욕쿠폰

로컬 전략: 백캐스팅으로 만드는 마을의 미래

다중 선순환을 분석한 루프도

입욕쿠폰의 구조적 역할이 궁금해서 이용객을 인터뷰하여 〈그림 18〉과 같은 루프도를 만들었다.

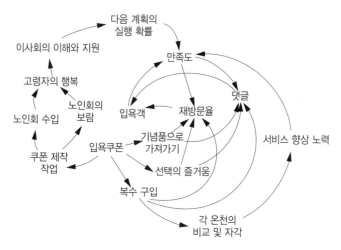

〈그림 18〉 입욕쿠폰 구조의 흐름

입욕쿠폰을 사용하면 1곳마다 이용료를 내는 것이 아니라 한 번 구매하여 3곳을 이용한다. 6개월 내에만 사용하면 되므로 재미를 느낀 손님들이 단골이 되거나 반복 방문할 가능성이 커진다. 입욕쿠폰을 집에 가지고 갈 수도 있으니, 모종의 '선물 효과'도 있다.

가지고 돌아간 입욕쿠폰을 집과 사무실에서 찻잔 받침으로 사용하는 모습을 SNS에 올리면 입소문 마케팅 효과도 있다.

이용객을 인터뷰하면서 깨닫게 된 사실은 입욕쿠폰제 덕에 지역의 28개 온천이 서로를 의식하고 비교하게 되었다는 사실이다. 그 결과 서비스 개선을 하게 되었고, 이는 손님의 만족도 향상으로 연결되었다. 만족하고 돌아간 손님이 친구와 동료에게 이야기하여 방문을 추천하여 선순환이 이루어지는 것이다.

지역 노인회에 입욕쿠폰 제작을 부탁하여 삼나무 벌목재로 만들고, 료칸조합에서 그 비용을 지불한다. 노인회 분들은 그 수입을 저축하여 1년에 한 번 여행 가는 것이 큰 즐거움이라고 한다. 또한 온천 발전에 이바지하는 데 큰 보람을 느낀다고 한다. 수입과 보람이 마을 고령자에게 행복을 가져다주는 것이다.

입욕쿠폰이라는 재미있는 프로젝트를 기획하여 자기들에게 행복을 나눠주는 료칸조합에 대해 어르신들이 돕고 싶은 마음을 가지는 것도 대단한 일이라고 생각한다. 이런 신뢰와 응원을 바탕으로 료칸조합은 좀 더 새로운 기획을 하고자 할 것이고, 그런 의욕 때문에 새로운 일의 성공 가능성은 더 커질 것이다.

누군가 우연히 입욕쿠폰이라는 아이디어를 직감적으로 만들었을지도 모르지만 구조 작동 관점에서 생각해 보면 관광객, 마을 풍경, 온천 숙박지, 고령자 모두에게 선순환을 만든 기획인 것을 알 수 있다.

2. 많은 마을에 도움되는 기본형

시기나 지역, 상황에 따라 구체적인 프로젝트 형태는 다양할 수 있다. 그러나 여러 사례를 경험하면서 기본형 몇 개를 발견할 수 있었다.

① 연결 장소와 연결하는 사람

대부분 마을 만들기가 잘되지 않는 구조의 공통점은 '정보와 활동이 연결되지 않는다'는 것이다. 여러 정보와 활동이 있어도 그 정보가 '그것을 쓰면 도움되는 사람'에게 연결되지 않는다. 서로 활동을 알면 도와주고 보완 역할을 해줄 수도 있는 사람들이 그저 서로 존재를 모르기 때문에 활동 효과와 확대를 기대하기 어려운 상황이 자주 발생한다. 그래서 많은 경우에 '연결하는 장을 만들고', '연결하는 사람을 설정'하는 것이 구조 작동의 핵심이다.

업종과 분야를 넘어 연결을 이어가기 위해서는 코디네이터의 역할이 중요하다. 관광-농업, 농업-복지 등 서로 다른 분야를 연결할 수 있는 사람이 있으면 윈윈 프로젝트를 만들 수 있다.

아마정에서는 가을에 '산업문화제'라는 마을 축제를 한다. 축제에서 사람들은 자신들의 다양한 시도와 생각을 발표한다. 발표 장은 발표를 들으러 오는 사람들로 꽉 찬다. '저런 일을 하는 사람이 있네. 나도 함께 해볼까'라며 서로 연결된다.

또한 아마정에서는 '교육 매력화 코디네이터'가 있어서 행정, 교육위원회, 학교, 지역을 연결하는 역할을 한다. 시모카와정에도 '미래의 배움 코디네이터'가 있다.

② 모든 사람이 머물고 활동할 수 있는 장소와 기회

마을 만들기 활동에서는 열심히 하는 사람들이 전면에 나서곤 한다. 그러나 동시에 표면적으로 나타나지 않는 사람들 혹은 뒤처진 사람들도 고려해야 한다.

SDGs 관점으로 말하면 '한 명도 뒤처져 남겨지면 안 되는' 마을 만들기가 중요하다. 그러기 위해서는 모든 사람에게 '있을 곳과 차례'가 있어야 한다.

나이, 성별, 장애, 경제 수준과 관계없이 누구나 '이곳에 있으니 참 좋다'고 느끼는 장소가 마을에 있어야 한다. 그리고 '나도 여기에서 할 수 있는 일이 있다', '나도 누군가에게 도움된다'고 느낄 수 있는 상태가 되어야 한다.

교토대 히로이 요시노리(広井良典) 교수는 『인구감소사회의 디자인』에서 이렇게 말했다.

"유럽 도시에서는 고령자뿐만 아니라 여러 사람이 지극히

자연스럽게 시장과 카페에서 여유롭게 즐긴다… 일반적으로
유럽 도시는 1980년대 무렵부터 도시 중심부에 자동차 통행을
억제하여 보행자가 걸으면서 즐기는 공간을 만들고 있다."

'앉을 수 있는 장소'가 많아져 거리가 지나는 장소가 아닌 즐기
는 장소가 되었다는 말이다. 이에 비해 일본의 마을에는 사람이 모이
고, 이야기를 나누고, 벤치에 편하게 앉을 수 있는 그런 장소가 없다.
특별한 목적 없이 사람들이 모이고 그저 머물 수 있는 장소를
만들고, 각자 '내 차례도 있구나'라고 느낄 기회를 만드는 것이 중요
하다.

③ 지역경제가 새는 구멍을 막다

마을 만들기에서 지역경제는 중요한 요소다. 지역 조달률을
높이고 지역 농산물을 마을에서 구입하는 등의 경제 행동은 마을 자
립을 위해 중요하다.

제5장의 '지역경제를 고치는 시책' 부분에서 자세히 설명하겠지
만, 산업연관표를 작성하여 돈의 흐름과 유출을 조사하고, '장보기
조사'를 하여 소비자의 돈의 흐름과 유출을 조사하는 등 추가 조사
와 분석을 함으로써 마을 경제구조를 좋은 방향으로 바꾸는 방법을
모색해야 한다.

작은 마을일수록 지역경제에서 행정 조달은 비중이 크다. 많은
경우에 관청이 최대의 조달처가 된다. 미나미오구니마치에서는 산업

연관표를 작성하면서 관청 조달에 초점을 맞춰 상세히 분석했다.

그 결과, '마을 외에서 사는 것을 마을 안에서 구입하게 하여 마을 조달률을 5% 올리는 것만으로 지역경제에 8,200만 엔(약 8억 2천만 원) 넘는 파급효과가 있다'는 것을 알게 되었다. 이 결과를 근거로 마을사무소의 조달을 수정하기도 하고, 지역경제를 좀 더 소중히 여기는 조달 기준 검토에 들어갔다.

④ 도전을 응원하여 모두의 프로젝트로 만드는 장치

마을 만들기를 진행하기 위해서는 행정과 한 줌 의욕이 있는 주민뿐만 아니라 마을의 많은 사람이 스스로 할 수 있는 일을 찾아 시험하고 도전하는 것이 중요하다. 큰 도전은 물론이고 작은 도전도 응원하고 지지하는 과정과 장소가 있으면 더 많은 도전이 활성화될 것이다.

도시에서는 코워킹 스페이스를 설치하고 신규 창업자 대상으로 여러 지원을 제공하는 장소가 있지만, 지방엔 그런 장소가 극히 드물다. 창업뿐만 아니라 모두의 '내 프로젝트'를 지원하는 장소와 과정을 만들면 구조의 여러 부분이 선순환할 수 있다.

내 프로젝트를 생각하는 것뿐만 아니라 마을 사람들에게 발표하고 함께할 사람과 지원자를 모집하는 기회가 있다면 더 발전할 것이다. 이런 과정을 통해 혼자만의 프로젝트가 모두의 프로젝트가 될 수 있다.

프로젝트를 응원하고 지원하는 사람이 늘면 그 속에서 '다음은 나도 새로운 일을 시작해 보자'는 사람도 나올 것이다. 이것도 마을의 선순환으로 연결된다. 이 책의 마지막 장에서는 그 대표적인 사례로 영국의 '토트네스(Totnes)'라는 마을의 멋진 시도를 소개한다.

⑤ 외부와 연결 방법

마을의 구조를 루프도로 만들 때, 일단 '마을 내부'에 눈이 가기 쉽겠지만 '마을 외부와 어떻게 연결할까'도 중요한 부분이다. 유행하는 '교류인구'같이 마을과 지역에 관심 있어서 활동하거나 방문하러 오는 사람들과 어떻게 연결될 수 있을까, 그 사람들은 마을 구조의 어디에 좋은 영향을 줄 수 있을까를 생각해 볼 수 있다.

지역에 있어서는 I턴뿐만 아니라 U턴도 매우 중요하다. 고교나 대학 진학, 취직 등으로 인해 일단 마을 밖으로 가는 것은 더 넓은 세계를 알기 위해 중요한 일이지만, 기술과 인맥을 익히고 언젠가는 마을로 돌아와 마을을 위해 힘써주기를 바라는 곳도 적지 않다. 그렇다면 U턴하고 싶은 마을 구조는 무엇일까, 그 구조는 어떻게 작동할까.

요즘 같은 IT 시대에는 누군가를 통해 소개받지 않아도, 작은 마을이라도 직접 세계와 연결될 수 있다. 아마정은 JICA와 협업으로 부탄 등 국가에서 연수생을 받기도 하고, 싱가포르대학에 마을의 고등학생들을 데리고 가서 대학생을 상대로 영어로 발표하고 토론하는 연수를 한다.

특히 지금은 SDGs라는 세계 공통언어가 있어서 세계와 직접 연결하기 쉽다. 내가 지원하는 도쿠시마현 가미카쓰정도 20년 전부터 '쓰레기 제로' 시책이 세계적으로 알려져서 도쿠시마공항에서 1시간 걸리는 산속 깊은 이 마을에 해외의 방문자가 끊이지 않고 있다.

　이처럼 세계와 직접 연결되는 것을 마을 구조 속에 어떻게 위치지을 수 있을까? 선순환으로 연결하려면 모처럼 해외에서 와준 방문자에게 무엇을 제공하고, 무엇을 가지고 돌아가게 할 것인가?

3. 프로젝트 측정 기준이 중요

지표가 필요한 이유

비전을 그리고 바라는 구조를 구상했다면 그다음에는 수립한 시책들이 정말 비전과 바라는 구조에 가까운가를 측정하는 것이 중요하다.

바로 이 부분에서 '지표'가 중요한 역할을 한다. 지표는 '원하는 방향으로 가는지를 측정하는 기준'이다. 마을마다 측정 내용은 다르므로 자기 마을다운 기준을 고민해야 한다.

지표가 필요한 이유는 두 가지다. 첫째는 어디를 향하고 있는지, 즉 목표 지점을 확실히 하기 위해서다. 둘째는 원하는 방향으로 진행한 후에 효과가 있는지 알기 위해서다. 즉 지표는 목표와 진척 상황에 대한 정보를 제공해 준다.

지표는 목표로 하는 곳을 구체적으로 설정하고 공유하는 데 도움된다. 마을 종합계획에는 진척을 측정하는 지표가 포함되어 있다. 그 내용을 보면 그 마을의 목표를 더욱 구체적으로 파악할 수 있다. 이것이 지표의 역할 중의 하나다. 같은 비전을 제시해도 어떤 지표를 설정하느냐에 따라 다른 내용들이 나타난다.

또 하나의 중요한 정보는 진척 상황이다. '열심히 하고 있지만 정말 뭔가 변하기나 할까'라며 불안해할 수도 있다. 그런 상황에서 진척 상황을 측정하는 기준을 설정하면 보다 효과적으로 현 상태를 평가할 수 있다. 평가 내용에 따라 개선하고 향상시키면 되는 것이다.

시책 수립 → 실시 → 효과 측정 → 다음 시책 수립 → 실시 → 효과 측정…이라는 PDCA{계획(Plan) → 실행(Do) → 점검(Check) → 개선(Action)} 사이클을 회전시켜 착실하게 목표로 향해 갈 수 있다. 지표에 따른 진척 확인은 프로젝트 운영 면에도 중요한 것이다.

또한 "여기까지 진행합시다"라고 진척 확인을 하면서 시책에 대한 이해와 공감을 확대할 수 있다. 활동 자금을 지원하는 행정, 기업, 마을 사람들에게 "이 자금 덕분에 여기까지 진행할 수 있었습니다"라는 설명책임을 나타내기도 한다.

이렇듯 지표가 가진 힘은 생각보다 크다. 왜 많은 사람이 자국의 GDP(국내총생산)와 주가에 일희일비하고, 경제 대책과 재정 정책을 움직이는 주식을 매매하는 등의 행태를 보이는 걸까. 그건 바로 지표에는 사람을 움직이는 힘이 있기 때문이다.

GDP도 주가도 지표다. 지표는 변동한다. 사람은 오르락내리락하는 '변동하는 것'에 주의를 기울인다. 따라서 무엇을 지표로 하는가는 매우 중요하다. 사람들은 지표가 된 것을 주시하고 그것에 따라 자신들의 행동도 바꾸려 하기 때문이다. 결국 지표는 실제로 사회를 어떤 방향으로 움직이게 하는 힘을 가지고 있다.

기업 등에서는 KPI(Key Performance Indicator) 즉, 주요 실행 지표를 사용한다. 퍼포먼스의 원래 의미는 '연기'나 '사람의 시선을 끄는 행위'지만, 기업에서의 퍼포먼스는 '실적'을 의미한다. KPI는 "이 정도 할 의욕이 있습니다!", "이 정도 노력했습니다!"가 아니라 "실제로 여기까지 달성했습니다!"라는 목표 달성 비율을 측정하는 정량적 지표다.

마을 만들기 시책에서도 "무언가 늘면(또는 줄면) 비전에 근접하고 있다고 알 수 있겠지?"라고 생각함으로써 그 마을다운 지표를 설정할 수 있다.

나는 마을 만들기 지원 과정에서 비전이 형성되고 루프도의 개요가 생길 정도의 단계에서 지표를 고려하기 시작한다. 때에 따라서는 1년째에 비전과 루프도를 만들고 2년째에 지표와 프로젝트를 생각하는 식으로 2~3년에 걸쳐 신중하게 진행하기도 한다.

지표를 구상할 때의 핵심 요소를 살펴보자.

① 측정 대상은 목적에 따라 다르다

예를 들어 다이어트와 운동의 관계에서 체중을 줄이고 싶으면 체중을 재고, 지방을 줄이고 싶다면 체지방률을 잴 것이다. 마라톤 연습의 경우에는 주행거리를 늘릴지, 단계적으로 속도를 높일지 중에 무엇을 원하느냐에 따라 측정 대상이 다르다.

'무엇을 바꾸고 싶은가'에 따라 지표가 결정되는 것이다. 다른 마을의 지표를 참고할 수는 있지만, 그보다 먼저 '우리는 무엇을 바꾸고 싶은가', '무엇이 바뀌면 좋겠다고 생각하는가'를 먼저 의논하는 것이 가장 중요하다.

② 선행지표·지행지표 구별하기

지표는 '실제 사물이 움직이기 전에 움직이는 것'과 '사물이 움직인 뒤에 움직이는 것' 두 가지가 있다. 이를 각각 '선행지표', '지행지표'라고 부른다. 예를 들어 경기 상황을 측정하는 여러 지표 중에 실제 경기의 움직임에 앞서 위아래로 움직이는 선행지표로서는 '신규 구인 수' 등이 있다. 기업이 사람을 고용하려 한다는 상황을 알면 앞으로 경기는 상향할 것 같다고 예상할 수 있다.

'소매업 판매액' 등은 실제 경기 변동 움직임과 같은 시기에 변동하는 '일치지표' 사례다. 경기 흐름보다 조금 늦게 나타나는 '지행지표'로는 '법인세 수입', '완전 실업률' 등이 있다.

SDGs 목표 8의 '완전 고용'을 목표로 한다면 그 목표 자체는 지행지표로 측정하고, 그 전 단계로서 신규 구인 수 등의 움직임을 보면서 시책을 펴나가는 식이 될 것이다.

일상생활의 사례를 들자면, 회식에서 '음주량'은 선행지표일 것이다. 그에 따라 '혈중알코올농도'를 거쳐 '두통 비율'이 지행지표가 될 것이다.

또는 '과중한 업무량' 때문에 '스트레스 비율'이 높아져 그 결과 '커피 마시는 횟수'가 는다는 상황도 있을 것이다. 여기에서도 선행지표와 지행지표를 구별할 수 있다. 무언가를 측정할 때 이처럼 '먼저 움직이는 것'과 '나중에 움직이는 것'을 구별하면 도움이 된다.

마을 만들기로 '지산지소 마을'을 목표로 한다고 치자. 종종 지산지소(지역에서 만든 것을 지역에서 소비하자)라고 말하기도 하지만, 지산지소(지역에서 소비하는 것을 지역에서 만듭시다)는 지역경제에서 유출을 막는 중요한 포인트다.

마을 사람들이 필요한 것을 어디에서 얻고 있는가를 조사함으로써 지산지소율을 계산할 수 있다. 실제로 '장보기 조사' 등을 통해 분석한 사례도 있다. 주민 대부분이 지역 내에서 장을 본다면 지산지소율이 높은 것을 의미할 것이다.

그 목표의 전제 조건을 선행지표로 설정할 수도 있다. 예를 들어 '우리 마을에서 지산지소는 중요하다'는 것을 이해하고 의식하는 주민 비율과 '지역에서 만들어진 상품을 진열하려는 점포 수와 비율' 등을 선행지표로 상정할 수 있다.

최종 목표에 관련되는 지표를 측정하는 것이 아니라 이 같은 전제 조건으로써 선행지표를 고려해 보면 새로운 좋은 시책 아이디어가 떠오를 수 있다.

③ 측정하기 쉬운 것만 측정하는 것을 주의하자

'인구'나 '생활보장 수급 세대 수' 등은 각 지자체에서 데이터로 관리하기 때문에 측정하기 쉽지만, '마을에 대한 소속감'이나 '주민 행복도'는 측정하기 어려운 지표다. 중요하므로 측정하고 싶지만,

주관적이기도 하고 측정 방법도 정해진 것이 없다.

이렇듯 정말 중요한 것은 간단히 측정할 수 없다. 품질관리의 대가이자 컨설턴트인 에드워드 데밍(William Edwards Deming)은 "측정할 수 없으면 관리할 수 없다. 경영에서 중요한 것 중에 실제로 측정할 수 있는 것은 3%뿐이다"라고 말했다. 마을 만들기 역시 마찬가지다.

'측정해야 하지만, 측정하기 어렵고 측정 방법이 없는' 경우에는 측정하기 쉬운 것만 측정하여 대리지표로 삼으려는 일도 자주 있다. 사실 '사회의 진보'와 '사람들의 행복도'를 측정해야 하지만 그것이 어렵기 때문에 GDP를 측정하여 국가의 진보지표로 삼은 것도 그 일례다.

따라서 측정하기 쉬운 것만 측정한 것은 아닌지 계속 살펴보아야 한다. 또한 여러모로 측정 방법을 궁리하여 진짜 측정해야 할 것을 측정할 수 있도록 노력해야 한다.

마을에는 중요하지만 데이터를 만들기 어렵고 측정 방법을 모른다는 등의 이유로 이제까지 측정하지 못한 것이 많다. 그럴 때 "우선 측정 방법을 생각합시다"라고 접근하는 것도 중요한 한 걸음이 될 것이다.

④ 측정 시기 생각하기

마을 만들기의 일환으로 온난화 대책을 세우거나 지역 외로 유출되는 에너지 비용을 줄이는 '효율적인 에너지 마을'을 목표로 하기 위해서는 주민의 에너지 의식을 높여 효율적인 에너지 행동을 하도록 해야 한다는 계획이 있다고 가정해 보자.

구체적인 시책으로 주민을 대상으로 하는 에너지 학습회와 효율적인 에너지 기기 보조제도 등을 생각할 수 있을 것이다. 그러면 이러한 시책들이 '효율적인 에너지 마을' 만들기에 어느 정도 기여하고 있는지 어떻게 측정할 수 있을까.

이에 대한 답은 여러 측면에서 제시할 수 있다. 가장 측정하기 쉬운 것은 마을 학습회 개최 횟수와 참가자 수이다. 이는 시책의 활용도를 측정하는 것이다. 그러나 참가한 주민의 환경의식이 정말 변했는가는 포함되지 않은 지표다. 진짜 알고 싶은 것은 의식과 행동의 변화인데 말이다.

의식 변화를 측정하려면 학습회 전후에 각각 의식조사를 진행해 볼 수 있다. 이렇게 하면 단순 활동량뿐만 아니라 목표하는 '변화'를 측정할 수 있다.

그러나 학습회 개최의 궁극적인 목표는 의식 변화가 실천으로 이어지는 것이다. 따라서 학습회 참가자들의 효율적인 에너지 행동이 늘었는가를 측정하는 것이 중요하다. 학습회 직후에 의식조사를 한들 "앞으로 에너지 행동을 할 예정입니까?" 정도를 물어볼 수밖에 없다.

실제 행동 변화를 측정하려면 학습회 후 수 주 또는 수개월 이내에 "이전에 비해 관련 행동이 늘었습니까, 줄었습니까?"라고 다시 조사해 봐야 한다. 즉 의식 변화가 행동 변화로 나타나려면 시간이 좀 더 필요하다.

학습회 직후에는 "정말 그렇다"라며 의식을 바꾸고 곧 행동할 것처럼 응답해도 그것이 실천으로 이어지는 경우는 드물다. 따라서 이런 식의 조사는 1, 2년 간격으로 정기적으로 실시해야 한다.

이처럼 지표를 생각할 때는 '무엇을 측정할 것인가'와 더불어 '언제 측정하는가'도 중요하다.

⑤ 정기적으로 측정하기

나는 시책별 측정과 정점 측정의 조합을 선호한다. 이제까지 논의한 대로라면 주민 대상 학습회별 변화를 측정할 수 있을 것이다. 여기에 주민 의식과 행동 조사를 정기적으로 실시하면, 거기에 마을 만들기로 바꾸고 싶은 의식과 행동도 포함될 수 있다.

시모카와정은 4년에 한 번 '시모카와정 마을 만들기 주민의식 조사'를 실시한다. 매회 같은 질문을 하여 주민 의식 변화 추이를 분석한다. '효율적인 에너지 마을'을 추진하고 있다면 이같은 정기적인 조사에 효율적인 에너지 의식과 행동에 관한 항목을 추가하여 매해 나타나는 의식과 행동의 진척 비율을 파악할 수 있다.

효율적인 에너지 기기와 태양광 패널 도입 지원 등 재생에너지 보조제도의 효과를 알고 싶다고 해보자. 홍보나 학습회를 통해 보조제도가 있다는 것을 알게 되어도 바로 지원을 받겠다고 나서는 사람은 그렇게 많지 않을 것이다.

제도 도입은 충분한 지식이나 간절한 필요성을 깨닫는다고 바로 되는 것이 아니라 필요 자금 확보 방안, 업자 선택, 견적 비교 등 많은 과정에 대한 고려가 있고 난 뒤에야 이루어진다. 단 한 번의 홍보와 학습회로 바로 효율적인 에너지 기기나 태양광 패널 사용이 이루어지는 것도 아니다.

그러나 이런 상황에도 매년 또는 수년에 한 번씩 기기 보급률, 도입 건수를 조사하여 변화를 측정하는 것은 중요하다. 홍보와 댓글 등을 통해 서서히 효과를 보이는 시책도 있다. 조금이라도 도입과 보급률 증가가 나타났다면 한층 공들여 시책을 촉진할 수 있을 것이다.

⑥ 행정지표와 주민지표 조합하기

마을 만들기 지표 구성에는 '행정지표'와 '주민지표' 모두 중요하다. 정부와 지자체는 언제나 여러 데이터를 모으고 있기에 지표에 이용하기 위한 데이터를 입수하기에 좋다.

마을 만들기 활동을 위해서는 생활보장 수급자 세대 수, 완전 실업률, 출생률, 인구 증감률, 전국 초·중학생 학력 등이 '행정지표'로 활용될 수 있다.

다만 행정지표로 정리된 것은 마을 만들기에서 중요한 부문의 극히 일부만 커버할 수 있다. 또한 행정지표의 데이터는 이해하기 어려운 방식으로 구성된 경우가 많다.

"지표는 사람을 움직이는 힘이 있다"라고 앞서 말했지만 그러기 위해서는 사람들이 움직이고 싶어지는 지표, 사람들이 관심을 가지는 지표, 사람들이 그 증감에 주목하는 지표여야 한다. "나와 별로 상관없다", "행정의 딱딱함이 느껴진다"라는 지표가 많다면, '사람을 움직이는 힘'은 나오지 않을 것이다.

따라서 행정지표로 커버할 수 없는 것을 주민이 알기 쉽도록 만든 '주민지표'를 작성하는 것을 추천한다. '누구 하나라도 뒤처지지 않는 마을'이라는 비전이 있다고 해보자. 마을사무소의 행정지표에서 '빈곤세대 비율'로 이 비전의 일부는 측정할 수 있다. 그러나 빈곤층이 아닌데도 '남겨진 사람'을 측정하고 싶으면 어떻게 하는 것이 좋을까.

그 대안은 의식조사를 통해 "이 마을에 내 자리가 있다고 생각합니까?"라고 물어보고, "그렇지 않다"라고 답한 사람의 비율을 측정하는 것이다.

그 수치가 정확한 것보다는 자기가 설 곳이 있다고 생각하는 사람의 증감 여부를 파악하여 '누구 하나라도 뒤처지지 않는 마을'을 향해 가고 있는지를 파악하는 것이 중요하다.

지표에 관한 논의는 어려운 감이 있지만, 아이가 열이 있는지 없는지 알기 위해 이마를 짚어보는 것도 지표다.

이렇듯 마을 사람들의 실감에 연결되는 지표 혹은 그 필요성에 대해 좀 더 적극적으로 고려하면 좋겠다.

지표의 사례로 자주 소개되는 것은 미국 시애틀에서 만든 '마을 가운데의 강을 거슬러 오르는 연어의 수'다. 시애틀에서는 1990

년대에 다수의 시민이 참가하여 마을 지표를 만들었다. 그 가운데 하나가 이 지표였다.

강이 깨끗해지면 한동안 보이지 않던 강을 거슬러 오르는 연어의 수도 늘 것이다. 그것은 마을 사람들에게 '보이는 지표'다. 마을의 강을 거슬러 오르는 연어를 보면 설렐 것이다. 지키고 싶다, 더 늘리고 싶다고 생각할 것이다. 이는 주민이 만들고 주민에게 울려 퍼지는 주민지표의 좋은 사례다.

제5장

프로세스에서 생기는 것

1. 마을 만들기 팀

통째로 의뢰해서는 만들어지지 않을 프로세스의 가치

지금까지 어떻게 마을 공유비전을 만들고, 마을의 현 상태를 앞으로 희망하는 구조로 시각화하고, 구조를 작동시킬 프로젝트를 만들고, 진척 상황을 측정하는 지표를 만들지에 관해 설명했다.

결과물로서 비전, 루프도, 종합계획, 시책, 지표도 중요하지만, 무엇보다 중요한 것은 호프, 스텝, 점프 과정을 통해 만들어지는 것들이다.

6개월에서 1년간 진지하게 마을 만들기를 하려는 사람들이 모여 서로 의견을 나누며 자기 마을의 이상적인 모습을 생각한다. 생각에만 머무는 것이 아니라 구조까지 고려하는 그 과정은 정말 큰 가치가 있다. 이 모든 일을 컨설팅 회사에 통째로 의뢰해서는 절대 만들어지지 않을 가치다.

구체적으로는 비전을 수립한 후에도 마을 만들기를 생각하여 실행할 수 있는 팀이 생기는 성과도 있다. 위원회 위원 외에도 보다 널리 함께할 수 있는 동료, 서포터, 이해자가 생긴다. 이 사람들은 비전 실천 과정에서 무엇보다 큰 힘이 된다.

거꾸로 말하면 프로세스를 통해 이런 팀이 만들어지지 않았다면, 제출용 비전과 계획을 만들 수는 있어도 비전의 실천은 어려울 것이다.

정부에서 지자체에 비전을 만들라고 했을 때, 유감이지만 '불상(佛像)을 만들었지만 그냥 나무토막' 같은 비전을 만든 지역도 적지 않다. 부디 '혼을 불어넣은 불상을 만드는' 방법으로 비전을 수립하길 바란다.

또한 이 프로세스를 통해 '우리 마을에도 이렇게 멋진 것이 있었나'라고 재발견하는 효과도 있다. 이 재발견은 기쁨이 되고 힘이 되고 새로운 응원을 만들게 된다.

프로세스에서 생긴 신뢰 관계와 팀

아마정 아스아마 위원회에서는 공유비전을 만들며 멋진 팀이 생겼다. 아마정 종합전략에는 "이 프로세스를 통해 이상적인 마을을 만들기 위해 멤버 한 사람 한 사람이 도전할 수 있는 아스아마 챌린지 플랜을 만들었다. 다양한 멤버가 오랜 시간에 걸친 논의를 통해 각각 품고 있는 과제와 고민을 공유하고 서로에게 자극과 깨우침을 얻으면서 도전을 응원하는 신뢰 관계가 구축되었다"라고 쓰여

있다.

공익재단법인 일본낙도센터의 기관지《시마》244호에 실린 인터뷰에서 당시 야마우치 정장은 "마을사무소 직원이 계획을 수립해봐야 의미가 없습니다. 마을 젊은이가 의욕을 가지고 하는 것이 훨씬 더 중요합니다. 다양한 사람이 있지만 특히 마을사무소 직원들이 크게 성장했습니다. 설명을 잘하지 못하던 직원도 이제 능숙하게 설명하게 되어서 그 점이 무엇보다 기뻤습니다. 거듭 강조하지만, 중요한 것은 왜 이런 계획을 세웠는지를 이해하는 과정입니다"라고 말했다.

아스아마팀은 공유비전과 루프도를 만드는 과정에서 매월 내가 방문할 때 이외에도 모두 모여서 의논하곤 했다. 분야별로 루프도를 만들 때는 그룹으로 나뉘어 분과회가 몇 번이고 열었다.

위원회를 시작하고 2개월이 지나서는 위원 모두 오이타현 유후인, 구마모토현 구로카와온천을 방문하여 마을 만들기에 관해 배우고 의견을 교류했다. 긴 시간 동안 의견을 주고받은 것도 팀 만들기의 기반이 되었다.

아스아마 메일링 리스트는 지금도 활발하다. 아스아마 전체 그룹은 지금도 '팀'으로서 목소리를 내고 응원하고 정보 공유를 이어가고 있다.

아스아마 활동을 시작할 때 젊었던 위원들도 직장에서 승진하여 직책이 오르는 등 책임과 권한도 크게 바뀌었다. 민간에서 조직 대표가 되기도 하고, 창업하며 활약하는 위원도 있다. 그 모든 확대와 전개를 응원하는 것이 바로 '아스아마팀'이다.

마을 만들기 동료, 서포터, 이해자

마을 만들기는 소수의 의욕 있는 사람들만으로는 진행할 수 없다. 제2장에 소개한 것처럼 공유비전을 만들 때는 가능한 많은 마을 사람의 목소리를 듣는 것이 중요하다. 이를 통해 마을 만들기의 동료, 서포터, 이해자가 늘어난다.

평소에 마을 만들기에 별로 관심 없던 사람도 "20년 후 마을에는 지금과 비교해서 무엇이 늘었으면 좋겠습니까? 무엇을 줄이고 싶습니까? 무엇을 남겨놓고 싶습니까?"라고 물으면, "음… 글쎄요. 무엇이 늘면 나한테 좋을까?"라고 생각하기 시작한다. 보통은 질문을 받으면 그때부터 생각하는 경우가 많다. 이 '질문의 힘'을 통해 자기 편으로 만드는 것이 핵심이다.

비전을 만들 때 가능한 많은 사람이 참여하게 해야 비전 수립 후에도 모든 과정이 이어질 수 있다. 청취뿐만 아니라 위원회 활동에 참여하게 할 수 있다.

가미카쓰정에서는 "0월 0일, 0시부터 공유비전 만들기 위원회를 개최하니 관심 있는 분은 누구라도 참가하시길 부탁드립니다"라고 홍보하고, 별도의 신청 없이 자유롭게 위원회에 오도록 했다.

정장이 임명한 위원은 정해져 있지만, 그 외의 누구라도 위원회에 참가할 수 있다. 옵서버들도 그룹을 만들어 위원 그룹과 같이 비전을 만들기도 하고 루프도를 만드는 작업도 한다.

전체적인 의견 공유를 위해 발표도 하고, 그 과정에서 나온 소중한 의견과 코멘트를 위원이 취합하여 함께 생각해 본다.

매회 10명 내외의 옵서버가 참가하는데 때로는 위원보다 많을 때도 있다. 도중에 참가하는 사람도 많은데, 이들은 그때까지의 논의 흐름을 그래픽 기록으로 보고 참가한다.

'결정된 것을 그냥 전달받기보다 그것을 결정하는 과정에 참가하게 되면 결정 사항 실행 확률이 높다'는 것은 심리학 분야에서도 정설이다.

참가할 수 없는 혹은 참가하지 않는 마을 사람에게도 마을 비전 수립 위원회가 열리고 있다는 것 그리고 거기에서 어떤 논의가 이뤄지고 있는가를 전달하는 것이 중요하다. 그렇게 하면 "뭔가 마을 비전이라는 게 생겼다고 하네요"라는 정도에 머무는 것이 아니라 "이런 사람들이 이런 논의를 하여 마을 비전을 생각하고 있다. 나도 참가하여 의견을 낼 수도 있지만 일단 지금은 위원들에게 맡겨두자"라며 지켜봐 주는 사람이 늘 것이다.

그렇다면 마을 사람들에게 위원회 활동과 논의 내용을 어떻게 전달할 수 있을까.

미나미오구니마치에서 비전 만들기를 했을 때는 지역 케이블TV가 여러 번 위원회 분위기와 논의 장면을 방송했다. 케이블TV 인기 프로그램 〈우키 할머니의 사투리 강좌〉의 주인공 우키 씨와 내가 공유비전을 함께 이야기하는 프로그램도 방송했다.

이야기가 무르익으면 우키 씨의 오구니 사투리가 작렬하며 점점 외국어로 들렸다. 그러면 내가 "오구니 사투리는 못 알아듣것슈"라는 카드를 들어 올리고 표준어로 '통역'한다. 반대로 내가 SDGs 등 일반인이 이해하기 어려운 말을 하면 우키 씨가 "그건 뭐여?"라는 카드를 들어 올렸다. 이렇게 마을 사람들에게 공유비전을 알리는 재미있는 프로그램을 방송했다.

지역에 케이블TV 등 미디어가 있다면 이처럼 세세하게 정보를 제공할 수 있다. 아마정에서는 거기에 더해 홍보를 잘하는 위원이 《아스아마 통신》이라는 마을 소식지를 만들었다. A4용지 1장 앞뒤로 회의에서 나온 내용과 의견에 사진과 삽화도 넣은 뉴스레터를 만들어 마을 사람들에게 전달했다.

비전을 설정하고 마을 사람들에게 널리 관여하게 하는 마지막 단계는 퍼블릭 코멘트(공공 논평)다. 위원회에서 만든 비전안을 마을 사람들에게 보여주고 의견을 들어 반영하는 것이다.

주민 의견을 모집하는 퍼블릭 코멘트는 마을의 여러 정책에서 자주 시행된다. 그러나 종종 소수의 의견만 제시될 뿐 대부분 사람은 퍼블릭 코멘트 모집이 있다는 것조차 모른 채 끝나는 경우가 많다.

시모카와정은 공유비전 위원회 위원이 지역 유지로서 주민에게 호소하며 '퍼블릭 코멘트를 적는 모임'을 열었다. 만들고 있는 비전을 위원들의 말로 마을 사람들에게 설명하고 의견을 교환하고, 마을사무소에 퍼블릭 코멘트를 제출하는 모임이다. 마을 사람들이 모이기 쉬운 시간을 고려하여 점심반과 저녁반으로 2회 모임을 개최했다.

가미카쓰정도 '퍼블릭 코멘트를 생각하는 모임'을 열고, 다음과 같은 안내문을 마을 홍보지에 실었다.

이번에 작성한 가미카쓰정 공유비전(이상적인 모습)안은 완벽하지 않습니다.
주민 여러분의 의견을 반영하여 보다 이상적인 모습으로 만들고자 합니다.
물론 의견을 내는 것 자체를 하기 힘들다고 느끼는 분도 많을 것입니다.
그래서 함께 부담 없이 의견을 나누는 모임을 개최합니다.
가미카쓰정 SDGs 추진위원회 멤버와 함께 마을의 미래를 이야기합시다.

'커뮤니티센터에서 퍼블릭 코멘트를 함께 생각하는 모임'

일시: 2월 12일(수) 18시 30분~20시 30분
장소: 커뮤니티센터 2층

그 결과 20명이 넘는 마을 주민이 모였다. 그룹을 나누어 각 그룹에 속한 위원 멤버가 자기 생각과 말로 비전을 설명하고 기탄없이 의견을 교환했다.

이런 프로세스를 거쳐 공유비전을 보다 좋은 것으로 다듬고, '프로세스에 나도 관여하고 있다'고 생각하는 마을 사람을 늘림으로써 마을 만들기의 동료, 서포터, 이해자 들을 확대했다.

비전을 수립하여 정장에게 전달하고 위촉 기간이 끝나면 공식적인 위원회는 해산한다. 그러나 비전을 만드는 프로세스에서 결속된 팀이 만들어져 위원 외의 사람도 포함하여 확대된 팀이 키워지기도 한다. 그리고 거기에서 다양한 시도와 그룹이 생긴다.

이처럼 마을 속에서 여러 가지 시도와 그룹 생태계를 만들어내는 토대가 되는 프로세스를 거쳐 비전을 만드는 것이 정말 중요하다.

2. 희망의 선순환으로

있는 것 찾기

'지역학'이라는 사고방식이 있다. 지역학 네트워킹을 주재하는 미나마타(水俣)의 요시모토 데쓰로(吉元哲郎) 씨가 가르쳐주었다. '지역학'은 '지역'을 대상으로 한 '학문'이 아니라 '지역을 배우는 것'이다.

지방에서는 자주 "도쿄에 비하면 우리는 아무것도 없다"라고 한탄하지만, 없는 것을 한탄하지 않고 있는 것을 찾아 자기 지역을 재발견하고, 지역을 배우면서 지역을 만들어간다는 사고방식이다.

마을의 공유비전을 만들 때 늘리고 싶은 것, 줄이고 싶은 것, 남기고 싶은 것을 생각하는 과정이 있다. "우리 마을에는 무엇이 있을까?" "남기고 싶은 것은 무엇일까?"라고 생각하는 것은 '있는 것을 찾는 과정'이다. "지금까지 당연한 것으로 생각했는데 다시 보니 정말 중요한 것이네요!"라는 반응이 오는 것들을 곳곳에서 발견할 수 있다. 이 과정 자체가 힘이 되고, 자랑과 자부심으로도 연결된다.

'있는 것 찾기'를 할 때는 이주자나 외지인의 '새로운 시선'이 도움된다. 주민에게는 너무 당연하고 익숙한 것이라서 새로운 발견을 하기는 어렵기 때문이다. "도쿄에 없는 멋진 것이 여기에 있군요"라는 말을 이주자가 하면, 지역주민은 오히려 "그게 그렇게 멋진 거예요?"라며 놀란다.

몇 년 전, 대학생들과 구마모토현 야마토정(山都町) 미즈마사리(水增)라는 작은 마을에 갔다. 10세대 18명뿐으로 평균 연령 70세가 넘는 초고령화 마을이다. 도쿄와 요코하마 출신 대학생들은 마을에 묵으면서 다양한 체험을 했다.

돌아가기 전 마지막 모임에서 학생들은 인사말과 함께 이구동성으로 "깜깜한 밤이 감동적이었어요", "새벽에 닭 소리에 놀라 잠이 깼지만, 즐거웠습니다", "끝없이 푸르른 자연환경과 인위적인 간판이 전혀 없는 것도 좋았어요", "조금 전까지 밭에 있던 싱싱한 채소를 식탁에서 먹으니 정말로 맛있었어요" 등 신선한 감상과 감동을 주민들에게 전했다.

어르신들은 "그게 그렇게 좋았어? 우리는 도시에는 모든 게 있고 여기에는 아무것도 없다고 생각하며 살았는데, 우리는 갖고 있는 게 많았구먼"이라며 기뻐했다.

'없는 것에 대해 생떼 쓰지 말고 있는 것을 제대로 찾기'는 특히 지방에서 비전과 프로젝트 만들기에 유효하다.

미나미오구니마치 공유비전을 만드는 과정에서는 "SDGs 목표를 실천하는 활동이라면 우리 마을에는 그와 관련하여 이런 일을 하는 사람이 있어요"라는 소리를 많이 들었다.

공유비전 만들기 이후의 프로젝트로서 지역에서 공유비전에 관련된 활동을 하는 사람들을 인터뷰하여 그 활동을 알기 쉽게 소개하는 일을 했다.

20명 정도 규모의 마을에서 다양한 시도를 하는 사람들을 취재하여 다음과 같이 정리했다.

- 미나미오구니마치에서 일 년에 한 번 개최하는 '기요라 인권데이'와 최근 설치한 공공시설 쥬쿠 '기요라'
- 월 1회 지역 식자재를 사용한 학교급식을 제공하는 '미나미오구니의 맛'
- '요시하라 이와토 카구라(吉原岩戸神楽)', '나카하라 카구라', '이치하라 시시마이(市原獅子舞)' 등 전통예능과 의례식
- 구로카와온천 관광료칸협동조합의 겨울 '유아가리'
- 미나미오구니마치 목재 신산업의 핵심인 삼나무 가공제품을 지역 내뿐만 아니라 외부에도 널리 알리는 '후아보라보 아소미나미오구니'
- 오구니삼나무를 이용한 목재 펠릿 제조
- 구마모토 내 50킬로와트 목질 바이오매스 발전

이것은 미나미오구니마치 제4차 종합계획에도 들어가 있다. 또한 마을 내외의 사람들에게 미나미오구니마치의 '멋진 것'을 전하는 하나의 힘이 될 것이다.

지역경제를 고치는 시책

대부분 마을 비전에는 지역경제 항목이 있다. 건강한 지역경제가 있어야 마을도 지속가능할 수 있으므로 당연한 일이다.

'지역 자원과 인재를 활용한 경제활동으로 자립하는 섬' 아마정의 비전도 그러하다. 시모카와정의 '사람·자원·돈이 순환하고 지속되는 마을' 비전은 '사람·자연자원·돈 등이 모두 영원히 순환·지속되고, 농림업 등 산업의 성장, 식료, 목재, 에너지 등 지산지소로 자립·자율하는 마을'을 지향한다.

가미카쓰정은 '지역 매력이 경제로 이어지는 마을'을 내걸고, '지역에서 생산된 물건과 서비스에 따른 가치가 지역 내외로 퍼져 행복하게 살 수 있는 경제를 키우고 사람과 돈을 마을에 늘리는 일'을 목표로 한다.

모든 비전이 지역자원 활용, 지산지소, 자립, 마을 내 자본 순환 등을 키워드로 한다. 비전 실현을 위해 우선 지역경제의 현 상태를 조사한다. 활용할 수 있는 지역자원을 조사하고, 마을에서 소비하는 것과 마을 밖에서 구매하는 것 등을 구체적으로 파악하여 개선 방법을 강구한다.

시모카와정에서는 7년 전에 작성한 산업연관표를 다시 조사·분석하여 수정하고 장보기 조사를 실시하여 사업자와 소비자의 돈의 흐름을 시각화함으로써 대책 마련의 토대를 만드는 작업을 하고 있다.

앞서 소개한 것처럼 미나미오구니마치는 산업연관표 작성과 장보기 조사를 하고 특히 관청 조달 분석을 실시하여 '마을사무소 연간 지출은 38억 엔(약 380억 원)의 38%인 14.5억 엔(약 145억 원)이 마을 밖으로 유출된다. 5%라도 마을에서 조달할 수 있으면 마을 경제에 8,220만 엔(약 8억 원)의 파급효과가 있다'고 결론 내렸다.

마을사무소는 각 과의 조달품을 마을 내외로 각각 구분하여 최대한 마을 내에서 조달하는 양을 늘리려고 한다.

조사 결과, 마을 내에서 조달하도록 바꿀 수 있는 품목은 765개, 금액으로 약 1억 7,500만 엔(약 17억 원)으로 나타났다. 이것은 애초에 가정했던 5%보다 많은 8.3% 규모로서 마을 경제의 파급효과는 약 2억 엔(약 20억 원)을 넘는다.

이에 따라 마을의 사업자 소득과 마을의 세수를 늘릴 수 있었다. 담당자는 "조달 분석은 어디에 중점적으로 힘을 쏟을까를 판단하는 데 큰 도움이 되었다"라고 말했다.

아마정도 산업연관표를 작성하여 이를 기초로 '새는 구멍'을 막는 작업을 하고 있다. 미나미오구니마치 마을사무소의 조달 사례를 아마정에 소개하며 "우선 1%라고 좋으니 마을 외 조달을 마을 내 조달로 바꾸어 보지 않겠습니까?"라고 제안하니, 사업자들은 "10%는 우리가 할 수 있다!"라며 의욕적인 모습을 보였다. 그 후 사업자들 간에 "이것은 당신 쪽에서 할 수 있어", "저것은 마을에서 되지 않을까"라는 구체적인 논의가 시작되었다.

지자체에 따라 상황은 다르지만 단지 마을사무소 조달률만 분석하여 개선하는 것만으로도 큰 효과를 거둘 수 있다. 마을 사업자에게 지역에서 조달하자고 말하기 전에 우선 솔선수범하는 의미로도 도움된다.

그리고 이런 시도를 통해 다음 단계로서 마을사무소와 사업자를 대상으로 비용, 품질, 납기의 중요성뿐만 아니라 지역 내 순환에 대한 고려의 필요성을 납득시킬 수 있다.

행 정 주 도 를 넘 어 선 사 회 적 참 여 가 만 드 는 마 을 의 변 화

지금까지 소개한 것처럼 아마정에서는 아스아마가 중심이 되어 이상적인 섬의 모습을 공유비전으로 그렸다. 또 루프도를 사용하여 마을의 현 상태와 바라는 미래의 구조를 만들었다. 그리고 이를 바탕으로 현재의 구조를 바꾸기 위한 노력을 하고 있다.

아스아마의 멤버들은 만들어진 비전을 정장에게 전달한 후에도 연이어 프로젝트를 시도하며 마을의 변화를 꾀하고 있다.

아스아마의 경험을 바탕으로 자신의 업무 중에 진행하는 프로젝트도 있고, 아스아마 멤버와 마을의 다른 사람들이 함께 진행하는 지역 프로젝트도 있다.

비전을 만들고 끝나는 것이 아닌 대표적인 사례로는 아스아마 활동을 계기로 가타기리 가즈히코(片桐一彦) 씨가 전개하는 프로젝트가 있다.

도쿄에서 태어난 가타기리 씨는 24년 전에 아마정에 I턴했다. 2007년 젊은 나이에 사회복지협의회 사무국장으로 취임하여, "섬에서 태어나 섬에서 죽는 것을 당연하다고 여기는 분위기를 개선하기 위해 열심히 일하고 싶다"라는 각오로 복지 활동을 전개하고 있다. 그런 그녀는 아스아마에서 익힌 루프도 활용법을 자기 일에서도 활용한다.

가타기리 씨는 아스아마 활동을 이렇게 회고한다.

"아마정에서는 앞으로 행정 주도보다 주민의 사회 참여가 늘어났으면 합니다. 그렇게 되기 위해서는 마을의 사업자나 여러 사람이 '그러면 뭘 어떻게 할까'라며 논의할 수 있는 장이 필요하죠.

마을 여기저기에서 활동하는 사람이 연결되어 미래를 이야기하는 것은 매우 중요한 일입니다. 나는 복지 분야에서 일하지만, 교육이나 관광 등 여러 분야의 사람과 연결되어 하나의 커뮤니티를 이루고 함께 생각하는 기회가 되었던 아스아마 활동은 정말 제게 큰 의미가 있습니다."

가타기리 씨는 복지인 만들기를 목표로 '복지학습'을 실시하고, 지역 고등학생을 대상으로 '복지 세미나' 등을 진행하고 있다. 그리고 2017년 5월 새로운 복지 거점을 만들었다.

'체닷테(아마정 방언으로 '다 함께', '모두'라는 의미)'라는 복지 관계자 대상의 셰어하우스다. 셰어하우스 4개 실 외에도 교류 공간 겸 간이 숙소를 마련하여 복지와 지역 교류, 배움의 장을 제공한다. 아스아마에서 몸에 익힌 루프도도 착실히 활용하고 있다.

가타기리 씨는 체닷테가 생기게 된 배경을 이렇게 설명한다.

아마정은 다양한 도전과 시책을 실시하고 있지만, 여전히 인구감소가 큰 과제입니다. 특히 복지 지원 인력 부족은 주민의 생존과 연결되는 중요한 문제입니다.

섬에서 살 수 없게 된 고령자가 섬 밖의 시설로 이주하는 일이 많아져 인구감소가 발생하는 루프가 형성되고 있습니다.

나는 그동안 아마정의 복지 인재를 확보하기 위해 세 가지 일을 해왔습니다. 복지학습을 충실히 하여 미래의 담당 인재를 육성, 요양보호 교실과 지역복지를 추진하여 섬 주민의 요양보호 인력 확보, 섬 밖으로 섬의 생활과 복지를 홍보하여 I턴을 유도하는 것입니다.

아마정에는 또 하나의 큰 과제가 있습니다. 바로 주택 부족입니다. 섬 내에서도 핵가족이 늘어나 공영주택에 사는 아이들이 늘고 있습니다. 또한 I턴 시책 때문에 보다 많은 I턴이 이어지고 있지만, 주택 부족으로 이주를 포기하는 사람도 있습니다.

섬살이의 좋은 점은 생선, 채소 등을 서로 나눌 수 있는 것입니다. 물론 섬에 산다고 당연히 생선을 얻을 수 있는 것은 아닙니다. 지역주민과 사귀고 함께 여러 활동을 해야 비로소 나눔이 생기는 것입니다.

공영주택에 이주하여 직장과 집만을 오가는 생활을 보내면 섬의 매력을 만끽할 수 없습니다. 특히 복지 업무 종사자는 업무가 바빠 이런 활동에 참여할 수도 없습니다.

그래서 지역 교류형 복지 전문 공유거점을 구상했습니다. 이를 알려 새로운 이주자도 유치하려고 합니다. 그것이 루프도입니다.

행정에 이 프로젝트의 취지를 설명하고 건물을 찾고 있습니다.

o 지역 밀착형으로 밭 등이 가깝게 있을 것
o 셰어하우스가 될 정도의 방 개수가 있을 것
o 옛 주택을 리노베이션할 것
o 행정에서 대여 혹은 양도해 줄 것

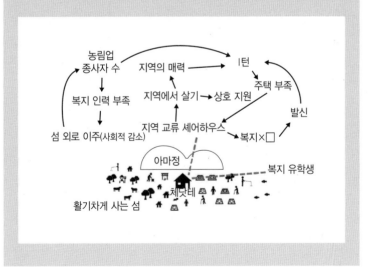

그 결과, 최저의 장소에 최고의 물건을 발견했습니다. 건강복지과 장께서 소유자와 교섭하여 대여와 수리 계약을 맺었습니다. 설계자도 결정했습니다. 마을의 새로운 복지 거점이자 발신 거점으로서 어떻게 수리할지 협의했습니다. 어떤 시설로 만들지 주민들과도 워크숍을 했습니다.

공간을 수리한 후 복지 종사자 고용촉진시설로서 아마정 사회복지협의회가 위탁 운영한다.

가타기리 씨는 이렇게 말한다.

"사람을 부를 때 도시에 없는 '사람과의 연대'를 바탕으로 복지의 입구를 만들어 '지역 속에 이런 삶을 남기고 싶어서 우리는 복지를 하고 있어요'라는 점도 전달하고 있습니다.

그래서 사람이 많이 느는 것은 아니지만, 아마정의 서비스가 현상 유지되고 지금도 월 1회 정도 '아직도 모집하나요?'라는 문의가 있게 된 것은 이 덕분이라고 생각합니다.

아스아마 멤버의 여러 조언도 꽤 도움되었습니다."

적대와 분단을 넘어서

서두에 밝힌 것처럼 2011년 동일본대지진과 도쿄전력 원자력 발전소 사고 이후 원전이 있는 니가타현 가시와자키시(柏崎市)에서 3년간 마을 만들기를 지원했다.

공유비전을 만들고 마을 구조를 바꾸기 위한 일련의 프로세스는 수십 년간 고정화된 사람 간의 깊은 골에 징검다리를 놓았다. 대부분 포기하고 있었는데 그 가운데 희망을 보여주었다는 데서 매우 소중한 경험을 했다는 생각이 들었다.

가시와자키시에는 도쿄전력 원자로 7기가 있다. 풍요롭지 못했던 지역이 지역 진흥 수단으로 원전 유치를 택한 것이다. 반대 의견도 강해 원전 추진파와 반대파의 대립 구조는 60년간 지속되었다.

당시 아이다(会田) 시장은 이전 시장들과 달리 찬성이나 반대가 아닌 중립파였다. "가시와자키시 경제는 원전에 의지하는 부분이 많지만, 앞으로도 계속 그렇게 의지할 수만은 없다"라고 생각했다. "의논하고 싶어도 할 수 없었다. 후쿠시마 원전 사고 후에도 논의는 불가능했다"라고 밝힌 상황에서 아이다 전 시장은 나와 사람들이 진행한 '모두의 에너지·환경 회의'를 유튜브에서 봤다고 한다.

'모두의 에너지·환경 회의'는 3.11 사고 후 원전 추진파와 반대파가 함께 만든 회의다. 서로 비난만 하고 대화하지 않는 상황을 돌파하고자 일본 각지에서 공개 논의를 했다.

아이다 전 시장은 이 회의에서 퍼실리테이터를 하던 내게 "가시와자키에서도 원전의 찬반을 넘은 생산적 논의를 하고 싶다"라고 제안했다. 그렇게 '내일의 가시와자키 만들기 사업'이 시작되었다.

우선 사업 진행을 위한 실행위원회 운영을 돕기 시작했다. 시가 위탁한 위원 8명은 원전 추진파 3명, 반대파 2명, 중도파 3명이었다. 1차 회의 분위기는 마치 초상집 같았다. 의논도 대화도 할 수 없어 퍼실리테이터인 나도 난처했다.

그 이유를 바로 알 수 있었다. 인구 9만 명의 작은 시에서 서로 너무 잘 알고 있었고 연대도 매우 강해서 애초에 원전에 대한 언급 자체가 금기시되는 상황이었다. 이런 상태에서 서로 함구한 채 '마을의 평화'를 유지하고 있던 것이다.

그러나 그것으로는 논의 진척 자체도 어렵고, '내일의 가시와자키'를 만들 수 없었다. 그래서 대화 의제를 바꾸기로 했다. 원전에 대한 시시비비, 재가동에 대한 시시비비는 견해차가 너무 심해서 대화 자체가 불가능했다.

그래서 일단 제쳐두고 '어떤 가시와자키가 되고 싶은가'라는 주제로 워크숍을 했다. 처음에는 어색해서 사양하던 위원들도 벽에 붙은 종이를 둘러싸고 모여 "이런 마을이 되고 싶다", "아름다운 자연을 자식과 손자들에게까지 남겨주고 싶다"라는 의견을 제시했다.

이렇게 마을의 공유비전을 생각하는 작업을 하면서 위원이나 사무국을 맡은 시청 담당자도 원전에 대한 의견은 다르지만, 마을의 장래에 대해서는 일심동체라는 사실을 알게 되었다.

"자식들, 손자들이 자신감을 가지고 돌아오고 자긍심을 가지고 살 수 있는 가시와자키로 만들고 싶다"를 이상적인 마을 모습으로 설정했다. 물론 "그래서 원전이 필요하다"라고 말하는 사람이 있고, "그래서 원전이 있으면 안 된다"라고 하는 사람도 있었다. 그러나 비전을 실현하기 위한 수단은 달라도 그것이 이루어지기를 바라는 마음은 같다는 것을 알게 되자 위원회가 크게 움직이기 시작했다.

"원전은 이렇게 위험한데 당신은 왜 그래도 필요하다고 말하나?", "마을 경제가 위험한데 왜 당신은 반대하나?"라고 속마음을 터놓고 말하기 시작한 것이다.

위원회 뒤풀이에서(허심탄회하게 이야기하는 것이 중요하기 때문에 매회 뒤풀이를 진행하였다) 원전 추진파 우두머리와 반대파 우두머리는 술잔을 기울이며, "내 의견은 변함없지만, 왜 당신이 그렇게 생각하는지 알겠다"라고 대화했다. 그렇게 처음으로 "원전 찬성·반대를 넘어 가시와자키를 자식들이 자랑스러워하는 마을로 만들자"라는 기운이 형성되었다.

그러자 실천적인 이야기들이 나오기 시작했다. "내일의 가시와자키를 생각하는 프로세스에 어떻게 많은 시민을 참가시킬까?", "의견과 입장이 달라도 어떻게 맘 편히 이야기할 수 있을까?"에 관한 의견을 나눴다.

우선 첫해 사업으로 심포지엄 개최를 결정했다. 통상적으로는 도쿄의 전문가를 부르는 경우가 많지만, 일단 위원들이 단상에 올라 시민 앞에서 '다른 의견을 가지고 있지만 침착하게 이야기'하게 했다. 심포지엄의 목적은 '의논할 수 있는 장을 만드는 첫걸음'으로 정했다.

2012년 9월 28일 '가시와자키의 과거와 미래' 심포지엄이 개최되었다. 첫 번째로 시 공무원이 원전 유치 배경과 산업구조 변화 등의 데이터에 근거한 객관적 사실을 발표했다.

그다음으로 실행위원회 멤버를 중심으로 시민이 등장하여 자기 입장과 생각, 앞으로의 가시와자키에 기대하는 것 등을 발표하고 패널 토의를 진행했다.

"나는 이 지역에 살고 있고 이렇게 생각한다", "나는 이렇게 생각한다" 등의 발표를 많은 시민이 지켜보았다.

전국에 가시와자키시 원전에 관심 있는 사람은 많지만, 이 심포지엄에는 시민만 참여하게 했다. '시민의, 시민에 의한, 시민을 위한 만남'으로 하고 싶었기 때문이다. 이렇게 400명의 시민이 참가했다.

"찬성파도 반대파도 함께 의논하는 일은 처음이다. 다행이다", "이렇게 침착하고 조용하게 이야기하는 것에 놀랐다"라는 이야기가 많이 들려왔다.

그때부터 조금씩 지역 속에 "원전에 관해 이야기해도 괜찮을 것 같다"라는 분위기가 형성되었다.

다음 날, '가시와자키의 미래를 함께 말하고 생각하자. 가시와자키 이도바타회의'*를 열었다. 우선 원전 유치에 대한 찬반양론은 제쳐두고, 어떤 마을로 하고 싶은가에 관하여 가시와자키의 미래 비전을 만들자는 워크숍이다.

● 이도바타회의(井戸端会議)는 옛날 공동우물에서 빨래하는 여인들이 모여 이야기하는 것을 말한다. (역주)

이 워크숍에도 100명이 넘는 시민이 참가하였다. 첫 발표로 내가 '유연하고 강한 행복 마을 만들기'로 운을 떼우고 조금씩 이야기를 하면서 '대화와 공동 창조'의 중요성과 '대화법'에 관해 발표했다.

〈진정한 대화법〉

- 항상 사고방식을 '다운로드(일방적으로 수용하기)'하는 것이 아니라 '지금, 여기'를 중요하게 여긴다.
- 자신의 신념과 결심은 일단 제쳐놓자.
- 귀를 기울일 것 ≠ 수용할 것
- 침묵하는 것 ≠ 지는 것
- 체념하지 않는 것이 중요
※ 일부러 성급하게 결론 내지 않기

"오늘 이도바타회의의 목적은 마음과 생각을 공유하는 것입니다. 그룹에서 반드시 하나의 결론을 낼 필요는 없습니다. 가능한 여러 마음과 생각을 꺼내놓고 서로 생각을 알아봅시다"라고 말하며, 누구라도 편하게 말할 수 있게 처음에는 그룹으로 이야기를 시작했다.

워밍업의 주제는 '나에게 있어서 가시와자키의 좋은 부분은?'이었다. 그리고 서로 부정하지 않기, 문제점 지적하지 않기(문제점을 이야기하는 시간이 아니라 좋아하는 부분을 이야기하는 시간), 가능한 여러 방면에서 좋아하는 부분 이야기하기라는 원칙을 소개했다. 이 작업을 진중하게 해놓지 않으면 본 주제에 들어갔을 때 자연스럽게 진행하기 어렵다.

두 번째 주제는 '가시와자키가 이런 마을이 되었으면 좋겠네'였다. 1~2년의 가까운 미래, 5~10년의 조금 먼 미래, 20~50년의 아주 먼 미래로 구분하여 말하고, 대책과 방법론은 말하지 않는다(가능, 불가능 논점 배제)는 주의를 주며 소그룹으로 이야기하게 했다.

마지막 주제는 '나는 무엇을 할 수 있을까'였다. 이때에는 타인에게 바라는 일을 말할 수도 있지만 그것만으로 끝내지 말고, "~라면"이라는 가정도 반복하지 말라는 주의 사항을 전했다.

이 3개 주제에 관한 대화를 소그룹이 순서대로 진행하며 포스트잇에 적었다. 그 뒤 그룹을 합쳐 큰 그룹을 만들어 3개 주제별로 내용을 공유했다. 그리고 서로 공유하는 것, 소중히 하고 싶은 것, 정말 공감하는 것이 적힌 포스트잇을 모아 A4용지에 붙였다.

각 그룹은 정리한 내용을 발표하며 모든 그룹과 공유했다. 그룹 멤버 중에는 원전에 관한 의견이 다른 사람도 있다. 그러나 함께 '어떤 가시와자키가 되면 좋을까'에 관한 의견을 제시할 수 있다. 그 과정에서 원전에 관한 의견은 달라도 '생각은 같았다'는 기쁜 발견이 이루어졌다.

워크숍이 끝난 뒤에도 여기저기서 이야기하는 참가자들의 모습은 매우 인상적이었다.

시청 공무원이 카메라를 들고 따라다니는 것도 보았다. "무슨 일입니까?"라고 묻자, "견원지간이었던 원전 추진파와 반대파 2명이 워크숍이 끝난 뒤에도 계속 이야기해요! 이 기적의 순간을 기록해야 해요!"라고 말했다.

'내일의 가시와자키 만들기 사업' 2년 차에는 저널리스트 이케가미 아키라(池上彰) 씨를 초대해서 심포지엄을 열었다. 천 명이 넘는 시민이 참가했고 위원회가 주민회나 대학 등에 출장하여 의견을 교환하는 등 활동을 넓히는 일에 힘썼다.

최종 연도인 3년 차에는 '원전이 있는 없든 가시와자키에 새로운 것을 만들자'라며 위원회 활동을 이어갔다. '있는 힘을 다해 앞으로의 가시와자키 산업에'라는 심포지엄을 개최하여 가능성 있는 산업 분야를 찾았다.

재생에너지, 농업, 커뮤니티 개발, 모노즈쿠리('물건 만들기', 일종의 제조업) 등 4개 분야에서 성과를 낸 사업자들을 초빙하여 학습회를 구성하고 구체적인 구상을 논의했다.

그간 가시와자키시에서는 재생에너지 가능성에 관한 언급조차 허용되지 않았다. 재생에너지의 가능성에 관해서 언급하면 원전 찬성파들이 "탈원전이냐"라며 비난했기 때문이다.

그러던 분위기가 '이상적인 마을 모습' 비전을 공유하면서 서서히 바뀌어 원전 찬반에 관해서는 일단 접어둔 채 재생에너지에 관해서 생각해 보자는 학습회 개최로 발전하게 되었다.

또한 지역 사업자들이 지역의 미래를 위해 '밝은 가시와자키 계획 AKK'도 시작했다. AKK의 다케우치 가즈마사(竹內一公) 대표는 '내일의 가시와자키 만들기 사업' 실행위원회 위원으로서 원전 추진파의 한 사람이었다. AKK를 설립한 2012년 당시 원전 추진파 내에서는 원전 이외 산업을 생각하는 것조차 금기시하는 분위기였다.

업종이 다른 사업자 10여 명은 가시와자키시가 안고 있는 여러 문제에 지역의 청년 경제인으로서 정면 도전하려는 의지가 있는 30~40대 경영자들이다.

"시를 발전시키는 데 구체적인 성과를 만들고 싶다"라며 지역과 산업 문제를 논의하던 중에 기사와자키시 방재행정 무선시스템을 2020년까지 교체한다는 정보를 입수했다. 이제까지 대기업이 수주했던 이 사업을 AKK 중심의 지역 기업연합이 수주하면 좋겠다는 의견이 나왔다.

'지역의, 지역을 위한, 지역에 의한 산업'이라는 이 최첨단의 시도는 아쉽게도 수주로 이어지진 못했지만, AKK는 이 프로젝트를 계기로 에너지와 다른 테마에도 도전하고 있다. "원전에 의지할 수밖에 없다"에서 "지역의 힘으로 지역에 필요한 것을 만들자"라는 가시와자키시의 새로운 도전이 만들어진 것이다.

가시와자키시는 2018년 '가시와자키시 지역에너지 비전'을 수립했다. '10년 후 지역의 미래를 차세대 에너지 보급 촉진과 환경 에너지 산업 육성·발전에 연결하는 방침'을 주요 내용으로 한다.

이 비전의 목표와 프로젝트 이미지를 보면 재생에너지와 지산

지금까지 가시와자키시는 '석유산업 마을'(1.0), '원자력산업 마을'(2.0)로 발전하며, 우리나라의 산업 발전과 수도권 전력 수요 지탱 등 국가 에너지 정책에 큰 공헌을 했습니다.

　　앞으로의 목표는 지구환경에 친근한 지속가능한 환경에서 미래 세대도 풍요로운 생활을 할 수 있는 탈탄소사회 '에너지 마을 기사와자키 3.0'입니다.

　　이에 따라 '재생에너지와 원자력 마을'(2.5)을 진행하여 한 사람 한 사람의 생활 편리성을 해치지 않는 선에서 에너지를 효율적으로 사용하고, 지속가능하고 풍요로운 생활을 할 수 있는 '스마트 시민의 마을'을 만들고자 합니다.

　　앞으로는 모든 시민과 사업자가 가시와자키의 지역에너지를 최대한 활용하여 환경 에너지 관련 산업 발전 및 고도화를 이뤄 'ALL 가시와자키로 만드는 새로운 에너지 마을'을 거쳐 '에너지 마을 가시와자키 3.0'을 실현할 것입니다.

지소 에너지의 활용 촉진 등이 전면에 제시되어 있고 원전에 관한 내용은 거의 없다.

　　원전에 대한 찬반을 넘어선 새로운 가시와자키의 움직임이 시작되고 있다. 다 같이 이상적인 모습을 생각하는 공유비전의 위력을 다시 한번 실감했다.

프로세스에서 생기는 희망

공유비전을 그리고 마을의 현재 구조와 앞으로 바라는 구조를 분석하여 구조를 작동시킬 수 있는 프로젝트를 만들고, 프로젝트를 진척시킬 수 있는 지표를 만드는 과정을 통해 팀이 생기고, 동료, 서포터, 이해자가 늘어간다.

과거부터 이어진 적대와 분단을 뛰어넘을 수 있다. 우리 마을에 '있는 것 찾기'를 하며 자신들에게 힘이 되는 것을 발견하고, 지역경제를 굳건히 하고, 산업을 만들 수 있는 프로젝트도 진행할 수 있다.

프로세스의 효과로 가장 중요한 것은 '희망'이다. '이대로 가면 마을은 망할지도 모른다', '점점 인구도 줄고 이대로 괜찮을까'라는 생각으로는 불안과 절망만 가중될 뿐이다.

그런데 '이런 마을이 되면 좋겠네'라는 생각으로 모두 함께한다면 변화를 도모할 수 있다. 그리고 비전을 향해 움직이면서 '움직이는 만큼 바뀐다'는 것을 실감할 수 있다. 이것이야말로 '희망의 샘'이다. 힘든 상황에서도 퐁퐁 솟아오르는 희망의 샘을 만드는 것이야말로 마을 만들기의 제일 중요한 열쇠다.

결론

마을의 지속가능성과
행복을 생각하다

회복력 높이기

"글로벌 시대의 세계에서는 어떤 지역도 상호 의존의 그물망 속에 있으므로 어딘가에서 무슨 일이 생기면 그 영향을 받을 가능성이 크다. 그러한 사태를 피할 수 없다면, 지역은 어떤 대비를 해야 할까?"

몇 년 전에 출판된 『회복력이란 무엇인가』라는 책에서 이런 문제를 제기했다.

회복력은 '외부 충격에 굴하지 않고 유연하게 일어서는 것'을 의미한다. 불확실하고 불안정한 시대를 살아가기 위해서는 개인, 조직, 지역, 사회 모두에 회복력이 중요하다.

이미 오래전부터 생태계와 심리학 분야를 시작으로 교육, 육아, 방재, 지역 만들기, 온난화 대책 등 여러 분야에서 회복력의 중요성이 강조되었고, 회복력 향상을 위한 시책들이 전개되고 있다. 그러나 우리의 삶과 지역, 사회의 회복력은 강해지고 있기는커녕 약해지고 있다.

회복력의 관점에서 가장 위험한 것은 '쇠퇴의 루프'다. 이는 어떤 이유로 잠재적인 회복력이 약해지는 곳에 외부 충격이 가해지면 더욱 회복력을 잃어가는 악순환을 의미한다.

일단 쇠퇴 루프가 만들어지면 가속적으로 약화되어 결국 일어서지 못하고 쇠퇴하고 만다. 코로나 위기는 우리들이 눈치채지 못하는 사이에 여러 '쇠퇴 루프'에 들어가 있다는 사실을 알려주었다.

코로나 위기로 명확해진 쇠퇴 루프의 하나는 '다양성 저하'다. 그 이전에는 눈앞의 효율성을 추구하는 데 급급해서 다양성에 전혀 신경 쓰지 않았다. 효율을 올리려면 다양성은 줄이는 게 좋다고 여겼기 때문이다.

호텔도 다양한 손님에게 대응하기보다 인바운드에 특화하는 쪽을 효율적이라고 여겼다. 농가도 한 종류의 환금작물로 특화하는 것이 효율적으로 이익을 얻을 수 있다고 생각했다. 이렇게 평상시에는 효율적으로 이윤이 큰 행동 방법이 지배적이었다.

그러나 다양성을 고려하지 않는 행동 방법은 단기적으로는 효율적이지만 위기에 취약하다. 의자는 다리가 3개가 있으면 세울 수 있지만, 3개 중 하나가 부러지면 넘어지고 만다. 그러나 의자 다리가 4개, 5개, 6개로 많으면 한두 개가 약해져도 넘어지지 않는다. 물론 의자 다리가 많으면 많을수록 평상시에는 쓸데없이 비효율적으로 보인다. 그래서 평상시에는 의자 다리를 점점 줄여가는 것이다.

앞으로의 마을 만들기를 생각한다면 단기적인 효율뿐만 아니라 중장기적인 회복력도 중요하다. 양자 간의 균형을 맞춘 상태의 마을이 되어야 한다. 지역에 대한 충격은 코로나 위기가 마지막이 아니기 때문이다. 이번에 명확해진 쇠퇴 루프의 고비를 넘겼으니 이젠 괜찮다고 그냥 넘겨버리면, 다음의 충격에 대한 회복은 거의 불가능할 것이다.

코로나 위기는 지역과 사회에 새로운 난제들을 제시했다. 경제위기와 동일본대지진도 큰 충격이었지만, 이런 종류의 위기는 어느 한순간의 충격이 장기간의 회복으로 이어진다는 특징이 있다.

그에 비해 코로나 위기는 위기 자체가 한순간에 끝나는 것이 아니라 계속 이어진다는 것이 다르다. 앞으로 반복될 확률도 매우 높다. 과연 우리는 어떻게 대비해야 하는가.

『회복력이란 무엇인가』에서 소개한 쿠바의 허리케인 재해에 대한 회복 정책 사례를 보자. 쿠바는 허리케인이 빈번하게 발생하는 나라다.

"2002년 9월 발생한 허리케인 '이시도레'와 '릴리'는 1만 8천 호 가옥을 파괴했다. 어촌은 높은 파도에 잠기고 내륙의 마을도 홍수로 고립되어 학교와 병원, 수도와 전기 등 인프라도 파괴되었다. 농축산물도 막대한 피해를 입었다.

그러나 두 개의 허리케인으로 인한 사망자는 단 1명이었고 부상자는 없었다. 1개월도 걸리지 않아 수도와 전기, 전화는 완전히 복구되었다.

2004년에 덮친 대형 허리케인 '이반'으로 미국에서 52명, 카리브해에서 70명 이상이 목숨을 잃었지만, 쿠바에서는 단 한 명의 사상자도 없었다."

쿠바에는 비상 계획이 널리 보급되어 있고, 고도의 예측 장비와 정보전달 장치가 있어 언제라도 한 사람도 빠지지 않고 피난할 수 있는 대책이 갖춰져 있다. 안심하고 피난할 수 있는 지원과 세심한 배려가 있어 피난소에서도 대응이 잘 이루어지고 있다.

매해 허리케인 시즌이 되기 전에 각 지역에서는 2일간 방재훈련을 실시한다. 초등학교에서도 방재교육을 하기에 아이들은 어려서부터 재해 시 대응 방법을 잘 알고 있다. 일상적으로 방재교육을 하기에 어린아이라도 무엇을 준비하고 무엇을 해야 하는지 설명할 수 있다.

허리케인 시즌이 끝나면 그 1년을 되돌아보고 무엇이 기능했고 무엇이 기능하지 않았는지를 조사하여 개선한다. 그리고 일단 피해를 입으면 신속하게 두 번 다시 피해를 입지 않도록 복구한다.

이번 같은 코로나 위기가 허리케인처럼 빈번하게 일어난다면 곤란하겠지만 쿠바와 같은 대비가 필요하다. 사회적 거리 유지 방법, 학교에 갈 수 없을 때의 수업 진행 방식, 노동 방식 등 고려해야 하고 준비해야 할 것은 너무나 많다.

또한 각 지역에 '식량이 수입되지 않는다면?', '에너지 수입이 어렵다면?', '수입이나 장거리 수송 비용이 턱없이 올라간다면?', '돈을 쓰지 못하게 된다면?', '고용이 없어진다면?' 등의 위기 상황을 가정하고, 현명하게 대처하는 방안을 평상시에 준비할 필요가 있다.

상황에 닥쳤을 때 대응을 생각하는 것이 아니라 가정과 지역의 자급력을 높이는 등 준비를 할 필요가 있다. 특히 식량, 에너지, 고용, 돈에 대한 준비는 필수 항목이다.

위기가 끝났다며 회복력의 중요성을 잊고 다시 단기적인 효율성만 추구하는 것은 바람직하지 않다. 그래서 '우리 마을 회복력 지표'가 필요하다.

그렇게 하면 단기적으로 돈에 관한 지표만 최대화하려고 하는 것이 아니라 효율은 조금 떨어져도 회복력은 어느 정도 확보할 수 있는 선을 추구하게 된다.

『회복력이란 무엇인가』에서 트랜지션 이니셔티브의 '지역 회복력 지표'를 소개했는데, 그 안에는 식량 자급률 등이 포함되어 있다. 결국 다양한 의미에서 자신들의 다리로 서는 지역이 되어 있는가 아닌가가 회복력을 좌우하는 것이다.

리 로컬라이제이션 마을 만들기

이러한 필요성에 기반하여 세계적으로 '리 로컬라이제이션 (re-localization)' 시책이 전개되고 있다. 리 로컬라이제이션은 '다시 로컬로'라는 의미로서 각 지역이 자신의 존재 가치를 가다듬자는 의미다. 경제적으로는 글로벌 경제 의존도를 줄여 지역에 의한 지역을 위한 생산과 소비를 늘려 지역 자립경제를 구현한다는 식이다.

위기는 언제 어디서나 발생할 수 있다. 위기가 발생하면 식량, 물건, 에너지, 돈의 흐름 등이 끊길 가능성이 크다. 그럴 때 생존할 수 있는 마을이 되어야 지속가능성과 행복 구현도 가능하다.

우선 기본적인 식량, 물, 에너지 등을 어느 정도 마련해 두는 것이 좋다. 중장기적으로는 필요한 물자도 구축해 둘 필요가 있다.

'가격만 신경 쓰며 장을 봤는데, 정신 차려보니 지역 가게가 남아있지 않네!'라는 위기 상황에 빠지지 않도록 평소에 지역의 가게를 이용하는 습관을 만드는 것도 마을 만들기에서는 중요한 부분이다.

물건뿐만 아니라 생산과 고용의 '지산지소율'을 늘리는 것도 중요하다. 코로나 위기 때처럼 사람과 물건의 유통이 어려워지면 외부 의존도가 높은 지역은 큰 타격을 받을 것이기 때문이다. 즉 지역 내 고용, 생산, 소비 비율을 높이는 것은 회복력과 안전을 갖춘 마을 만들기의 기본 조건이다.

리 로컬라이제이션은 '돈'에도 영향을 끼친다. 지역통화 도입 외에 지역사업을 위해 지역 출자를 모으는 장치도 있다. 생산자가 안심하고 생산하면 소비자도 안심하고 구입할 수 있다. 지역의 돈이 순환하면 외부 환경에 좌우되지 않고 지역경제를 회전시킬 수 있는 마을이 될 것이다.

인구감소 대응 문제

각지에 마을 만들기 과제에 관해 물어보면, 대부분 '인구감소'가 문제라고 답한다. 국가적으로 큰 문제이기도 하고, 부처마다 주력하는 문제이기도 하다.

그러나 '인구감소가 문제'라는 것은 인구가 감소하기 때문에 문제인지 인구감소 때문에 마을 만들기가 되지 않는 게 문제인지 구분할 필요가 있다.

또한 국가 전체의 인구감소 문제와 우리 마을의 인구감소 문제가 다르다는 것을 생각해 볼 필요가 있다. 좀 더 구체적으로 '우리 마을은 어떤가? 우리 마을은 어떻게 하고 싶은가? 어떻게 하면 좋을까?'라고 생각하는 것이 중요하다.

이런 차원에서 인구 예측 시뮬레이션을 기초로 '인구 워크숍'을 하고 있다.

시모카와정의 사례를 보자. 〈그림 19〉는 2015년 국세조사(인구총조사) 결과를 그래프로 만든 것이다.

〈그림 20〉은 1990~2010년까지 20년 인구 데이터로 20년간 그 추이가 계속될 때 2060년의 인구 및 고령화율을 나타낸다.

〈그림 21〉은 그때 초·중학생 수 예측이다.

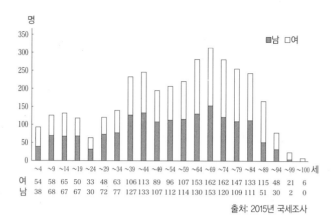

	~4	~9	~14	~19	~24	~29	~34	~39	~44	~49	~54	~59	~64	~69	~74	~79	~84	~89	~94	~99	~100 세
여	54	58	65	50	33	48	63	106	113	89	96	107	153	162	162	147	133	115	48	21	6
남	38	68	67	67	30	72	77	127	133	107	112	114	130	153	120	109	111	51	30	2	0

출처: 2015년 국세조사

〈그림 19〉 2015년 시모카와정의 5세 단위별 인구구조

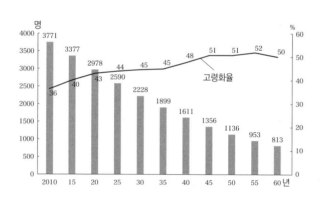

〈그림 20〉 시모카와정의 1990~2010년 인구 데이터를 사용할 때
2060년 인구, 고령화율 예측

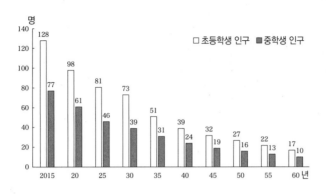

<그림 21> 시모카와정의 1990~2010년 데이터를 사용할 때
2060년의 초·중학생 인구 예측

다음으로 1995~2015년까지 20년 인구 데이터에서 나타난 추이가 계속될 때 2060년 인구 및 고령화율(〈그림 22〉)과 초·중학생 수의 예측(〈그림 23〉)을 도출했다.

이렇게 2010년까지 데이터와 2015년까지 데이터에 따라 예측한 인구, 고령화율, 초·중학생 수가 꽤 다르다는 것을 알 수 있다.

시모카와정은 2010~2015년까지 5년간 창업과 이주 지원 등에 힘썼다. 2015년까지의 데이터를 사용하면 그 5년간의 효과가 반영되어 예측을 보다 명확히 알 수 있다.

이 두 가지의 인구 예측을 겹친 것이 〈그림 24〉다. 어느 경우에도 인구는 감소하지만, 2015년까지의 데이터를 가진 쪽이 감소가 완만하다.

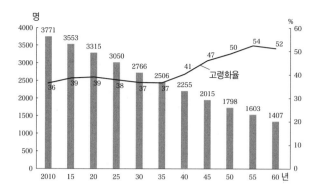

〈그림 22〉 시모카와정의 1995~2015년 데이터를 사용하여
2060년까지 고령화율 예측

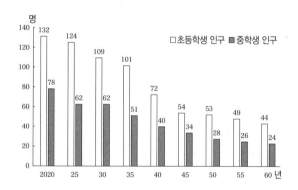

〈그림 23〉 시모카와정의 1995~2015년 인구 데이터를 사용할 때
2060년까지 초·중학생 인구 예측

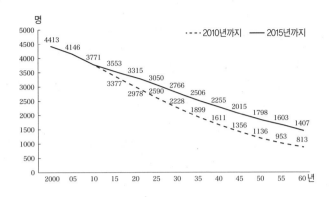

〈그림 24〉 시모카와정의 1990~2010년 인구 예측과
1995~2015년 인구 예측 비교

이처럼 인구 데이터를 분석·비교하여 최근의 인구정책(이주 촉
진, 육아환경 정비 등) 효과를 시각화할 수 있다. 시모카와정은 실선
이 점선의 위에 있다. 즉 2015년까지의 데이터 가진 쪽이 전망이 밝
아 보인다.

그러나 거꾸로 실선이 아래에 있는, 즉 2010년까지의 데이터보
다 2015년까지의 데이터가 어두운 전망을 가리키는 지자체도 적지
않다. 호소와 시책·프로젝트 설정뿐만 아니라 그것이 과연 효과로
연결되고 있는지를 객관적으로 조사하는 것이 중요하다.

이처럼 인구에서 시책과 효과의 연결을 구체적으로 분석하여
'무엇이 효과를 발휘하고 무엇이 발휘되지 않는가'를 파악하면 보다
효과적인 대책을 수립할 수 있다.

또한 인구를 생각하면 '수'뿐만 아니라 '균형'도 중요하다. 마

을의 인구 피라미드를 예측함으로써 '추이 시나리오'를 만들어 필요한 대책을 마련할 수 있다.

시모카와정은 2015년 데이터로 2035년과 2060년의 인구 피라미드를 예측했다(〈그림 25〉~〈그림 27〉).

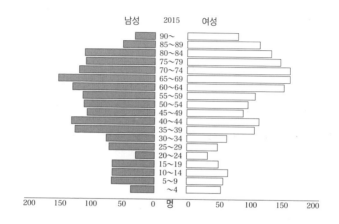

〈그림 25〉 2015년 시모카와정의 인구 피라미드

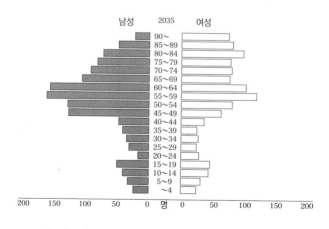

〈그림 26〉 1995~2015년 인구 데이터를 사용했을 때
시모카와정의 2035년 인구 피라미드

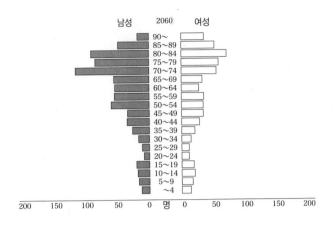

〈그림 27〉 1995~2015년 인구 데이터를 사용했을 때
시모카와정의 2060년 인구 피라미드

어느 정도의 인구 규모를 바라는지 현실적으로 생각한 후, 그
것을 실현하기 위해 구체적으로 매해 몇 명, 몇 세대씩 이주자를 만
들지 시뮬레이션할 수도 있다.

예를 들어 지금 인구 규모를 유지하고 싶지만 이는 어려우므
로, 현재 인구의 80% 정도를 유지하면 지역의 가게와 행사·축제도
유지할 수 있으니 좋다고 생각했다고 해보자.

이때의 목표는 '2015년 인구에서 20% 감소 정도'다. 시모카와
정의 경우에는 3,553명×80%=2,842명이다.

시모카와정은 최근 20~30대 이주자가 늘기 때문에 그 시책을
계속 추진했을 때, 2060년 2,842명 정도를 유지하는 데 필요한 이
주자 수를 계산할 수 있다. 1년에 20대 후반 독신 남성 10명, 여성

　　　로컬 전략: 백캐스팅으로 만드는 마을의 미래

8명이 이주하여 정착한다고 가정하면 목표를 달성할 수 있다.

아무것도 하지 않은 경우의 추이 시나리오와 비교하여 2060년 인구는 약 1,400명 증가하고, 고령화율은 약 20% 감소하고, 초등학생은 약 3배 늘어 110명을 넘는다. 만약 이것이 실현된다면 초등학교 통폐합 등은 생각하지 않아도 된다.

나이, 독신·부부·가족 세대 등 다양한 경우에 맞춰 계산할 수도 있다. 앞의 시뮬레이션은 '출생률은 지금 상태 그대로'라고 가정한 것이지만, 희망 출생률을 달성했을 때를 상정하고 계산할 수도 있다.

이렇게 정확히 계산하면 좀 더 구체적으로 논의를 진행할 수 있다. 예를 들어 매년 10세대씩 늘리겠다고 계획했다면 10세대는 어디에서 살아야 하나, 빈집은 널려있으니 1년에 10집씩 수리하면 되겠네, 각 동네에서 매해 1세대씩 받으면 충분하겠다, 10세대가 이주하려면 일이 있어야 할 텐데 어떻게 해야 할까, 마을의 가게와 기업에는 일자리가 있나, 마을에 빵집이 없으니 빵집을 하고 싶은 사람을 불러들이자, 그 외에 그런 가게와 일은 없을까 등등 무궁무진한, 그러나 구체적인 논의를 할 수 있다.

이렇게 함으로써 '인구감소'라는 말과 이미지에 의욕과 힘이 빠지는 것이 아니라 현실적으로 착실하게 조금이라도 '이상적인 모습'이 되기 위한 노력을 할 수 있다. 희망을 빼앗기면 거기에서 멈추게 마련이지만, 구체적으로 생각하고 행동으로 옮기는 일은 마을 사람들에게도 힘이 된다.

어떤 의미로 '인구'는 대단히 알기 쉬운 지표다. 말할 것도 없이 인구라는 상자에 '들어가는 것'과 '나오는 것'의 차이로 인구는 늘기도 줄기도 한다. '들어가는 것'은 출생아 수와 전입자 수이고, '나오는 것'은 사망자 수와 전출자 수다. 사망자를 줄이기는 어렵지만, 나머지 3개 지표의 작동에 관해서는 각각 다양하게 생각해 볼 수 있다.

대부분 지방에는 대학이 없어서 대학 진학과 취직 때문에 지역을 나가는 아이들이 많다. 그래서 '일단 마을을 떠나 밖에서 활약하고 언젠가 돌아오라'는 교육과 시책을 하는 지역도 늘고 있다. 그러한 일을 포함하는 마을 만들기가 중요하다.

인구감소를 어떻게 억제할까가 아니라 '감소하는 인구에 맞춘 마을 만들기'로의 가치 전환도 중요하다.

많은 지역이 이제까지처럼 이어질 것이라는 가정으로 마을 만들기를 하고 있다. 마을의 재정 전망을 잘 보고 특히 인프라 측면, 예를 들어 공영주택 신축 및 유지, 수도 등 인프라 유지, 학교 개축과 급식센터 개선, 고령자 시설 확충 등을 계획할 필요가 있다. 이러한 계획을 무작정 현재 상태의 인구 규모를 염두에 두고 진행하면, 미래에는 쓸데없는 것이 많아지기도 하고 부담이 커질 수도 있다.

이런 차원에서 보면 인구는 행정의 모든 부서와 관련 있는 횡렬 과제다. 정책담당과뿐만 아니라 주민, 건설, 수도, 교육, 산업, 에너지 등 어느 담당 부서 계획에도 인구감소 대응이 중요하기 때문이다.

그러나 대부분 지자체에는 인구문제에 통합적 전략으로 대응하는 부서가 없다. 총무부나 마을 만들기과가 일부 담당하기도 하지만, 행정 총괄적인 차원에서 전문적으로 추진하는 부서가 필요하다. 그곳이 중심이 되어 주택, 산업, 교육 등의 담당 부서와 협력하여 추진해야 한다.

공무원뿐만 아니라 의원과 주민들도 어떻게 마을을, 이후의 인구를 생각할 필요가 있는가, 어디는 그냥 두고 어디는 지켜야 할 것인가를 두고 논의할 필요가 있다.

단번에 논의가 끝나는 것은 아니기 때문에 지속해서 생각할 수 있는 프로세스와 장이 필요하다. 어떻게 하면 좋을지 모르고 보고 싶지 않다며 눈을 감아버려도 과제와 문제는 사라지지 않는다.

현실적으로 생각한다는 것은 포기하는 것이 아니다. 인구 예측과 시뮬레이션을 기초로 인구감소의 구체적인 억제선, 인구감소에 맞춘 마을 만들기 등을 주민과 의원이 함께 생각하고 이를 실현하기 위한 방법을 민관 일체가 되어 진행해야 한다.

지역 경영력 향상

지금 지역 특히 지자체에 필요한 것은 '지역 경영력'이다. 지역 경영력은 경영자가 기업을 경영하는 것처럼 지역 사람들이 지역을 경영하는 데 필요한 능력이다.

기업 경영이 아니라 지역과 지자체 경영이라는 점을 의아하게 생각할 수도 있다. 사전에 나와 있는 '경영'의 개념은 "사업 목적 달성을 위해 지속적·계획적으로 의사결정하고 실행하여 사업을 관리·

수행 하는 일"이라고 되어있다. 지자체도 자기 목적에 맞춰 의사결
정하고 실행·관리하면서 사업을 수행하니 '경영' 개념을 적용할 수
있다.

'이제까지처럼'이 계속되어 온 시대에는 '이제까지와 같은 일'을
하는 것이 당연했다. 큰 문제 없이 목적을 확인하고 의사결정하며
목적 달성을 위한 별도의 관리가 필요하지 않았다. 즉 '지역 경영력'
을 의식할 필요가 없었다.

그러나 변화가 심하고 앞이 불투명한 세계, 인구감소, 고령화,
기후위기 등 환경 변화와 사회적 난제가 가득한 이 시대를 살기 위
해서는 규모에 상관없이 모든 지역과 지자체에서 '지역 경영력'은 필
수다.

구체적으로 지역 경영력은 ① 미래를 내다보는 힘, ② 생각하
는 힘, ③ 논의하는 힘, ④ 변화를 만드는 힘, ⑤ 전달하는 힘, ⑥ 연
결되고 연결하는 힘 등이다. 이런 힘은 책상머리에서 나올 수 있는
것이 아니라 실제 스스로 생각하고, 주변과 논의하고, 프로젝트를
만들고, 주민 사이로 파고들어 부딪히고 고생하는 속에서 몸에 밸
수 있는 것이다.

나는 마을 만들기 지원 활동의 일환으로 직원 연수도 한다. 가
미카쓰정의 젊은 직원을 대상으로 하는 연수에서는 SDGs의 기본적
인 틀을 안내하고, 업무와 문제의식에 따라 프로젝트를 계획하면서
서로 피드백하여 기획안을 만드는 작업을 했다.

최종적으로 정장 및 부정장 앞에서 자기 프로젝트를 발표하는

데, 발표만 하고 끝내는 것이 아니라 실제로 프로젝트를 진행하도록 지원한다. 그렇게 해야만 지역 경영력을 단련할 수 있기 때문이다.

각지를 둘러보면 지역 경영력 차이가 분명히 나타난다. 지역 경영력이 있는 곳은 장기적인 방향성이 확실하고, 상황 변화에도 민첩하게 대응한다.

지역 경영력이 없는 곳은 눈앞의 인구와 산업 상황 변화, 글로벌화와 같은 여러 외부 환경 변화 등에도 불구하고 경직된 사고방식을 바꾸지 못하고 있거나 사고 정지 상태에 빠진 채 변함없이 '이제까지처럼'을 되풀이하며 쇠락한다. 이런 지역에 사는 주민은 앞으로도 행복할 수 없을 것이다.

여러분의 지자체와 지역에는 이런 지역 경영력을 갖춘 공무원이나 지역 리더가 얼마나 있는가.

최악의 조합

지역을 경영하는 것은 공무원이나 리더만이 아니다. 의원과 주민도 공동 경영자다. 그렇게 볼 때 내가 '최악의 조합'이라고 부르는 조합이 있다.

① 재선만 생각하는 단체장과 의원, ② 단기적인 자기 이익밖에 모르는 주민, ③ 타성에 젖은 공무원이다.

최악의 조합이 있는 지역에서는 아무도 장기적인 일을 생각하지 않고 눈앞의 자기 이익만 생각하며 결정을 내려버린다. 다리가 셋인 괴물의 다리가 제멋대로 움직여 '변화의 연쇄'의 실마리조차 찾을 수 없다. 시대 변화에 맞춰 변하지 않고 태연하게 망한다.

지방에서는 특히 권력 갈등이 많다. '정말 무엇을 해야 한다'보다 '저 녀석 꼴 보기 싫다', '저 사람에게 꽃다발이 쥐어지는 일을 하고 싶지 않다'는 이유로 소중한 프로젝트를 진행하지 못하는 경우도 많다. 물론 '공통의 적'이 확실하면 작은 이견, 응어리, 체면을 넘어 힘을 합칠지도 모르겠다.

그러나 아무것도 안 하고 있다가 다가올 미래와 부디 그렇게 되었으면 좋을 미래 사이의 간극, 그리고 가까운 미래에 크게 닥쳐올 과제 등은 지역에 있어서 충분히 '공통의 적'이 아닐까. 마을의 미래를 위한 판단을 하기 위해서는 모두 서로 허심탄회하게 논의하며, '최악의 조합'을 '최강의 조합'으로 바꿔야 한다.

마을의 현 상태와 이후에 관해서 논의할 때는 '데이터를 기초로 논의하는' 버릇을 들여야 한다. '이렇게 될 것 같다', '아니 그렇게 될리가 없다'는 식으로 이미지나 감각만으로 이야기해 봐야 마음속의 빗장은 풀어지지 않는다. 감정적인 응어리가 남을 뿐 건설적인 결론에 이를 수 없다.

최근에는 정부도 '근거 기반 정책 결정(EBPM, Evidence Based Policy Making)'이 중요하다고 말한다. 내각부는 "그 장소의 에피소드에만 근거하여 정책을 기획하는 것이 아니라 정책 목적을 명확히 설정하고 합리적 근거에 기초하여 정책 결정을 해야 한다. 정책 효과 측정과 중요한 관련이 있는 정보와 통계 등 데이터를 활용한 EBPM 추진은 정책 효과성을 높여 국민으로부터 행정 신뢰를 확보하는 재료다"라고 설명한다.

데이터 기반 논의를 위해서는 제4장에서 설명한 것처럼 지표가 중요하다.

영국 토트네스에서는 여러 조사와 데이터를 기초로 「지역경제 청사진」이라는 보고서를 만들었다. •

"각 가정이 구입하는 식음료 액수는 3,000만 파운드이다. 그중 약 2,000만 파운드는 토트네스 지역의 2개 슈퍼마켓에서 사용하고, 1,000만 파운드는 60개 식료품점에서 사용한다.

그러나 지역 내에서 조달하고 있는 것에 대한 소비는 800만 파운드뿐이고, 나머지 2,200만 파운드는 지역 밖에서 조달한 음식물에 사용되고 있다."

이러한 결과를 근거로 '토트네스 주민들이 식음료에 사용하는 돈의 10%를 지역산 식음료품에 쓰도록 하면 지역경제에 200만 파운드(약 2.5억 엔)의 가치가 있다'고 계산했다.

이 보고서를 근거로 지역 사람들은 "식비의 10%를 지역산에 쓰자!"라는 '10% 캠페인'을 전개했다. 그뿐만 아니라 지역에 공급되지

• https://reconomycentre.org/home/economic-blueprint (역주)

않는 것을 지역에서 생산하는 방안을 조사하여 실행하고 있다. 데이터를 기초로 한 분석과 논의로 프로젝트를 실행하는 것이다.

'공평성의 올가미'에 빠지지 않기

많은 지역에서 공통으로 보이는 마을 만들기의 진행 장벽은 정말 많지만, 그중 하나로 '공평성의 올가미'를 들 수 있다.

행정의 업무 방식은 언제나 '공평성'에 기반하고 주민도 '공평성'을 원한다. "왜 우리는 안 되고 저쪽은 되는가"를 따지는 상황이 곧잘 벌어진다.

모두 중요한 일이지만 그렇기에 공평성의 올가미에 빠져 이도저도 어찌지 못하는 일이 자주 있다. 공평성의 올가미에 빠지면 눈앞의 공평성에 얽매여 장기적으로는 모두를 위한 중점 투자를 하지 못하고, 바라는 효과를 내기 어려운 경우도 있다. 그리고 효과를 거둘 수 없으니 모두 빈곤해져 버린다.

이는 '입구의 공평성', 즉 '모두에게 똑같이 분배해야 한다'는 '분배의 공평성'만 바라기 때문이다. 그러므로 '분배는 불공평하지만 중점 투자를 하여 전체적으로 효과를 볼 수 있으니, 최종적으로는 모두 행복해진다'는 '결과의 공평성'에 대한 고려도 필요하다.

그리고 결과의 공평성을 확실하게 시각화하여 알기 쉽게 전달하여 주민들이 납득할 때까지 성실하게 설명하는 것이 중요하다.

그 열쇠는 리더십이다. 리더가 확실한 데이터에 기반하여 지금의 상태와 장기적인 전망을 가늠하며 아픔을 동반한 변혁을 추진해야 한다. '왜 중점 투자(=불공평한 분배)가 모두를 위한 것인가'를 확실히 설명하고 설득하여 공평성의 올가미를 극복해야 한다.

대표적인 사례가 도야마시다.

세계 경제위기 이후 도야마시에서는 주민세가 줄어들었다. 그 결과 부동산에 대한 고정자산세와 도시계획세의 구성 비율이 크게 늘었다. 이런 경우에는 지가가 하락하면 이 세수도 감소하게 된다.

지역 내 중심 시가지의 면적은 전체의 0.4%지만, 여기서 시 전체의 고정자산세와 도시계획세 총액의 22.2%를 충당하고 있었다. 따라서 여기에 투자하는 것이 가장 합리적이었다.

도야마시 모리 시장은 데이터를 기반으로 교외에 살고 있는 주민에게 다음과 같이 설명했다.

"여러분은 중심 시가지에만 전차가 다니고 장식이 화려하니 불공평하다고 생각하시지요? 그렇지만 이 데이터를 보십시오. 중심 시가지의 지가가 하락하면 시의 재정이 어려워지고 주민세가 올라가게 됩니다. 여러분의 불만은 알지만, 중심 시가지에서 그만큼 세수가 나오기 때문에 그만큼 농촌과 교외 지역에도 특별한 보조를 할 수 있는 겁니다."

모리 시장은 이렇게 말했다.

"확실하게 시민을 설득해야 합니다. 대부분 리더는 그것이 싫거나 두려워서 하지 않습니다.

오랫동안 '행정은 설명책임이 있다'는 말을 들었지만, 거기에 그쳐서는 안 됩니다. 필요한 것은 설득책임입니다. 반대하는 사람을 설득하는 것, 그것이 행정의 책임입니다.

우선 설명을 확실히 하고, 제일 반대할 것 같은 곳에 뛰어들어 데이터를 제시하며 설득해야 합니다.

처음 중심 시가지에 LRT(노면전차) 사업을 시작할 때, 시 전체를 돌며 120회 정도 설명회를 했습니다. 2시간짜리 설명회를 하루에 네 번 한 적도 있습니다. 마지막에는 산소결핍으로 쓰러질 것 같았습니다. (웃음)

또 하나 중요한 것은 100명이 찬성할 때까지 기다리면 안 됩니다. 이게 정말 중요합니다. 반대하는 사람이 있어도 신념과 확신이 있다면 알아줍니다.

소극적인 지지, 사실은 마음에 안 들지만 어쩔 수 없어서 반대하지 않는 사람들이 다수라고 생각합니다. 실제로 목소리를 내고 반대하고 있는 사람은 극히 일부입니다.

어제 의회에서도 '본회기 동안 제 책임의 하나는 미움받는 일을 하는 것이다'라고 명확하게 말했습니다. 선거 때도 그렇게 말하며 선거전을 치렀습니다.

미래 시민을 위해 해야 할 일을 한다면, 지금의 상태를 지키려고 반대하는 사람과 정면으로 부닥칠 수밖에 없습니다."

시민의 힘[民力] 키우기

앞으로 마을 만들기에서 가장 중요한 것은 '시민의 힘을 키우는 일'이다. 행정과 외부 컨설팅 등에 의지하는 것이 아니라 주민 스스로 마을의 미래와 과제를 응시하고, 이상적인 모습을 그려 구체적인 프로젝트를 구상하고 실행하여 변화를 만들어가는 힘이 무엇보다 중요하다.

주민 중에는 스스로 생각하고 움직이지 않아도 마치 손님처럼 정부와 행정의 비호 아래에 있으면 괜찮다는 태도도 있을 것이다. 그러나 그런 자세로 이후의 마을 만들기를 이어가는 것은 힘들 것이다.

그렇기에 더욱 이 책에서 소개한 호프, 스텝, 점프 프로세스가 중요하다. 프로세스의 결과로 생기는 공유비전도 물론 중요하지만, 그 프로세스를 통해 마을 사람들이 시민의 힘을 키워 마을 만들기 팀이 생기는 것, 그것이야말로 마을 만들기의 핵심이다.

끝내며

2018년 지역경제에 관한 책이 큰 인기를 끈 이후 좀 더 구체적인 내용을 알고 싶다는 요청을 많이 받았다. 이 책은 그러한 요청에 대한 답이다. 앞선 책에서는 마을 비전의 일부로서 지역경제의 시행 방법과 사례를 소개했고, 이 책에서는 마을 만들기 지원 과정에서 전하고자 하는 중요한 메시지와 구체적인 실천 방법을 소개했다.

오래전에 구상했지만 실제로 집필을 개시한 것은 코로나로 출장과 외부의 일이 없어져 전면적으로 재택근무를 하게 된 시점부터였다. 앞선 책을 담당해 준 이와나미서점의 편집자 시마무라 노리유키(島村典行) 씨의 도움으로 이렇게나마 출판할 수 있게 되어서 기쁘다.

코로나로 외출도 하지 못하는 상황에서 집필한 것은 매우 특별한 경험이었다. 사람을 모을 수 없는 상황이었지만, 그렇다고 마을 만들기를 멈출 수는 없었다.

금년도부터 마을 만들기를 지원하고 있는 홋카이도 비에이정을 시작으로 공유비전 만들기와 구체적인 프로젝트 안건 형성 등을 하려는 지역을 온라인으로라도 도울 수 있도록 여러 궁리를 했다.

몇 개의 중요한 포인트를 활용한다면, 사회적 거리두기를 하면서도 마을 만들기를 할 수 있다고 느꼈다.

또한 코로나가 만들어낸 상황은 내 역할을 바꾸는 일에도 연결되었다. 이제까지는 마을을 정기적으로 방문하여 워크숍과 세미나, 어드바이스를 제공하며 마을 만들기 플레이어를 지원했지만, 코로나를 계기로 스스로 마을 만들기 플레이어의 한 사람이 되었다.

8년 전에 집필과 번역 작업을 위한 작업실로 아타미 해변 근처에 방을 하나 얻었다. 거리에 나가는 일도 없고, 사람들과 왕래도 하지 않고 지내는 업무용 장소였다. 그러나 코로나로 외출할 수 없게 되자 '어차피 틀어박혀 있을 거라면 좋아하는 바다가 보이는 곳이 좋다'는 생각에 아타미로 이주했다. 반년에 걸쳐 이삿짐을 나르며 완전 이주를 했다.

그러다가 아타미에서 '미래의 어린이들에게 깨끗하고 즐거운 지역을 남기고 싶다'며 비치클린 활동을 하는 아타미 마린 서비스의 미쓰무라 도시히로(光村智弘) 씨와 만나게 되었다. 그는 강 하구에 망을 설치하여 쓸려 내려오는 플라스틱 쓰레기를 수거하는 프로젝트를 진행하고 있었다.

나도 환경문제에 관심 있었기 때문에 의기투합하여 함께 활동했다. 이야기를 나누다가 서로의 강점인 '로컬'과 '글로벌'을 조합하여 환경문제 대응과 마을 만들기를 해보자며 ㈜미래창조부를 설립했고, 그렇게 지역주민으로서 활동하게 되었다.

내가 사는 마을이라는 실제 현장에서 플레이어로서 활동하면서 백캐스팅으로 비전 만들기 → 시스템 사고에 따른 구조분석 → 구조를 바꾸기 위한 프로젝트 입안과 실행의 중요성을 한층 더 실감했다.

아타미에서 활동을 시작한 지 얼마 되지 않아 시 전체를 끌어들이는 비전 만들기까지는 가지 못하였지만, 매주 활동 비전을 확인하고 단련하며 지역에서 활동하는 분들을 대상으로 시스템 사고 학습회를 하거나 여러 지역의 플레이어와 마을 만들기에 관해서 이야기하는 장을 만들려고 카페도 열었다. 이 책에 쓴 일을 지역의 시점에서 바라보며 활동할 수 있어서 더욱 보람을 느끼고 있다.

'미래는 지역 밖에 없다'고 생각하며, 그 미래를 만드는 일에 도움되길 바라며 이 책을 썼다.

구체적인 기회를 제공해 준 가시와자키시, 아마정, 시모카와정, 미나미오구니마치, 가미카쓰정의 여러분과 사례를 공유해 준 아마정의 가타키리 가쓰히코(片桐一彦), 스웨덴 비전 만들기에 관해 알려준 다카미 사치코(高見幸子), 입욕쿠폰에 관한 이야기를 들려준 구로카와온천의 여러분, 지역경제에 있어서 대단히 중요한 내용을 가르쳐 준 도야마시 모리 시장에게 감사드린다.

또한 인구분석·예측 시스템을 개발하고 산업연관표 작성 전문가로서 마을 만들기를 지원하는 그린 가디언의 오노 유야(小野雄也), 아카리, 유한회사 이즈 시각화부의 중심 멤버 니즈 나오코(新津

尙子), 니즈의 여러분, 그리고 ㈜미래창조부 미쓰무라 도모히로에게
도 감사의 말을 전한다.

지역에 희망과 미래를 만들고자 하는 나의 활동은 앞으로도
계속된다. 일본과 세계의 각지에서 각각 분발하고 있는 동료와 동
지와 함께.

나의 비전과 기본권에서 시작하는 마을

민 관 협 업 의 현 장 실 천

지자체의 공무원들은 너무 바쁘다. 쉴 새 없이 종합계획, 기본계획, 시행계획을 만들어야 한다. 누구와 왜 계획을 만들었고, 계획을 수립한 후에 어떻게 활용하는지를 집요하게 추적하기보다는 일단 버젓하게 계획이 만들어지는 것이 중요하다.

(언제나 위기 대처를 명목으로 반복되는) 중앙정부의 각종 지원사업과 공모전에 선정되기 위해 가능한 일에 가능한 일을 더하는 상황이 매번 반복된다. 그 과정에서 모두의 이야기를 충분하게 들었을까, 좋은 계획을 수립하여 어제보다 더 나은 지역이 되었을까.

이 책은 이런 의문에 관한 가이드를 실용적으로 제시한다. 지역재생에 관한 책들 대부분이 그렇듯이 이 책 또한 '민관 협업'의 중요성을 강조한다. 허울 좋은 거버넌스나 말만 번드르한 협력을 당위적으로 강조하는 것이 아니라 현장에서 협업하는 훈련을 하며 차

곡차곡 성과를 축적하지 않는다면 지금보다 나은 미래는 없다고 이야기한다.

지금, 여기의 문제에 집중하자

저자 에다히로 준코[*]는 마을 프로젝트 진행을 지원하는 퍼실리테이터이자 컨설턴트다. 일본 주요 지역의 지역재생 현장에는 늘 그녀가 있을 정도로 왕성한 활동을 하고 있다.

이 책에서 저자는 두 가지 핵심 방법을 제시한다. 지금 상태를 기준으로 앞날을 예측하는 예언적 포어캐스팅(forecasting) 방식이 아니라 모두가 고심하여 될 수 있는 상태를 북극성처럼 만든 후에 그 목표를 위해 지금 구체적으로 무엇을 해야 하는지를 생각하는 백캐스팅(backcasting) 방식과 반복되는 문제에 구조 중심으로 접근하는 시스템 사고가 그것이다.

두 접근 방식 모두 지금, 여기의 문제에 집중하는 것을 강조한다. 물론 과거를 아는 것과 미래를 전망하는 것도 중요하지만, 현실에 대한 깊은 집중 없이 뭐가 더 나아지겠는가.

이런 접근 방식을 도입해야 하는 이유는 여전히 대부분 지역에서 관만 주도하는 그리고 그저 상처에 연고만 바르는 정도의 대증요법식 정책과 사업이 진행되고 있기 때문이다. 이미 대부분 지역에서

---

[*] https://www.es-inc.jp

'출생률 감소, 인구감소, 인구 유출, 인력 부족, 상점 폐업, 빈집 증가, 소비력과 시장 축소, 세수 감소, 공공 서비스 축소, 투자 축소'는 보편적인 현상이다. 그러나 이 현상은 문제 그 자체라거나 원인이기보다 결과인 경우가 많다.

그 원인에 대한 집요한 고민을 차치한 채, 죽어라 하고 대증요법과 같은 계획을 세워봐야 체질 개선은 결코 이루어지지 않는다. 만드는 것만 목표로 한 계획, 발표하고 끝나는 계획은 그 꽉찬 내용에도 불구하고 소리 소문 없이 사라지거나 상황을 더 악화시키기도 한다. 그렇다고 아예 계획 자체가 필요 없다는 의미가 아니다. 좀 더 신중하게 실속 있는 계획을 만들자고 주장하는 것이다.

계획을 만들기 전에 놓치는 부분이 있다. 첫째, 구체적으로 어떤 지역의 모습을 바라는가. 둘째, 지금의 지역 구조에는 어떤 문제가 있는가다. 즉, 화려한 미래를 그리기 전에 바로 지금, 여기의 문제에 집중해야 한다.

진입, 전진, 도약

이 책에서 제시한 호프, 스텝, 점프는 가장 번역하기 어려운 표현이었다. 의미상으로는 이해할 수 있지만 우리가 평상시에 잘 쓰는 영어는 아닐뿐더러 그렇기에 낯설어서 친숙한 느낌으로 다가오지 않았기 때문이다. 그렇다고 원래 의미대로 건너뛰기, 발걸음, 뛰기로 번역할 순 없는 노릇이었다.

최대한 저자의 의도를 가늠하여 진입, 전진, 도약으로 번역했다. 이 세 단계는 마을의 쓸모 있는 비전을 만들기 위해 필요한 단계다. 각 단계별로 실용적 쓰임을 생각하며 세세하게 설명하다 보니 이제까지 번역한 그 어떤 책보다 그림이 많아서 복잡하고 어려운 느낌이 들기도 한다.

그러나 한편으로는 모두가 제대로 된 곳에서 더 좋은 삶을 살기 위한 목마름이 더더욱 갈급한 이 시점에서 꼭 참고할 만한 책이라는 생각도 들었다. 지금 이 순간에도 수많은 마을에서 리빙랩, 퍼실리테이터, 주민회의, 마을 공동체 활동 등을 통해 소위 '마을 만들기'를 하고 있지만 그럴수록 좋은 가이드북이 필요하다는 문제의식으로 책을 번역했다.

생존의 실감이 미래를 연다

비전을 만들기 위해서는 오래 지역에서 살아온 주민의 이야기도 들어야 하고, 세상 돌아가는 트렌드도 늘 배워야 하고, 비전을 만드는 데 그치지 않고 자신의 터전에 맞는 기준을 만들어 잘 실천이 이루어지고 있는지 꼼꼼히 체크하는 것도 필요하다. 더불어 이 책에 나오는 좋은 가이드들과 함께 그 이면에 흐르는 메시지에 대해서도 생각해 볼 필요가 있다.

좋은 마을 만들기 그 자체가 지상 목표인 양 마을 만들기 역군이 되는 훌륭한 실천가가 많은 것도 사회적으로는 의미가 있는 일이

겠으나, 본질적으로 중요한 것은 나의 지역살이에 대한 욕망의 구체적인 모습에 집중하는 일이다. 막연한 '발전', 막연한 '만들기' 혹은 그 반대로 너무 대단한 '발전', 너무 대단한 '만들기'로는 다수의 공감을 얻기 힘들다.

다수의 공감을 얻으려면 먼저 내가 무엇을 바라는지에 좀 더 구체적으로 집중해야 한다. 모든 것에는 순서가 있기 때문이다. 몇 명이 어떤 모습으로 살면 좋은지 그런 상태에서는 매일매일 어떤 시간이 흐르게 될지 구체적으로 자각해야 한다. 추상, 거시적 변화, 개혁, 혁신 이런 말들보다 더 중요한 것은 '나의 건강한 생존'이다.

아울러 그 과정은 즐거워야 한다. 억지로 유쾌한 척하라는 의미가 아니다. 창의적인 문화 활동과 다양한 지원 방식을 적용하며, 아이부터 어른까지 기꺼이 품을 수 있는 유연하고 경쾌한 방식으로 비전을 만들면서 그 과정의 의미를 함께 공유하는 것이 좋다. 물론 억지로 심각해지려고 하는 것은 아니겠지만, 종종 심각하고 엄숙한 공동체 중심의 당위성만 강조하여 개인의 자유로움이 억눌리는 것은 아닌지 우려될 때가 많다. 지치면 오래가지 못하고, 오늘이 즐거워야 미래도 열리는 것일 텐데 하는 걱정이 든다.

마을은 '만드는 것'이라기보다는 그저 있는 것, 그뿐이다. 마을 안에 사람이 살고 그 사람들이 '잘 살고 있다', '이만하면 괜찮다'고 여기면 족한 것이다. 좋은 마을에는 건강한 비전과 튼튼한 기본권이 있다. 국가도 사회도 마을도 내가 존재해야 의미가 있는 것이다. 이 당연한 사실이 수많은 정책과 사업에 올곧이 반영되길 바란다.

2024년 10월

역자를 대표하여

조희정

로컬 전략

백캐스팅으로 만드는 마을의 미래

ⓒ에다히로 준코

초판 1쇄 발행 2024년 10월 31일

지은이 에다히로 준코
옮긴이 윤정구·조희정
펴낸이 서복경
기획 엄관용
편집 이현호
디자인 와이겔리

펴낸곳 더가능연구소
등록 제2021-000022호
주소 04071 서울특별시 마포구 성지길 36-12, 1층(합정동, 꾸머빌딩)
전화 (02) 336-4050
팩스 (02) 336-4055
이메일 plan@theposslab.kr
인스타그램 @poss_lab

ISBN 979-11-981812-6-8 03300